I0776324

Nathan Stone

CONVERSAZIONE E REPLICA

Dominare facilmente l'arte della conversazione avvincente e i segreti della replica incisiva per brillare in ogni scambio e reagire in qualsiasi circostanza

Edizioni BLACK & RED

*Parlare molto è una cosa,
parlare saggiamente è un'altra.*

Indice dei contenuti

Introduzione

Benvenuti in *CONVERSAZIONE E REPLICA* : *dominare facilmente l'arte della conversazione avvincente e i segreti della replica incisiva per brillare in ogni scambio e reagire in qualsiasi circostanza*, il manuale completo che ti svelerà i segreti per diventare un comunicatore eccezionale.

Desideri liberare il ninja della conversazione che si nasconde in te? Ottima notizia, sei sulla strada giusta! Perché il libro che hai tra le mani è nient'altro che il tuo passaporto per un mondo di comunicazione appassionante e travolgente. Dimentica le conversazioni noiose e le repliche piatte, imparerai a scuotere le basi della comunicazione per diventare un vero virtuoso degli scambi.

Se sei stanco di essere lo spettatore silenzioso durante le conversazioni, se sogni di poter infiammare i dibattiti, catturare il tuo pubblico e impressionare anche i più scettici, se aspiri a brillare in ogni tua conversazione, che sia nella tua vita professionale, sociale o personale, allora questo libro è fatto per te. Certamente, a prima vista, trasformare il modo di comunicare può sembrare complicato, persino impossibile per i più pessimisti, ma con consigli pertinenti, informazioni corrette e una pratica regolare, in realtà non c'è niente di più semplice, come potrai constatare leggendo.

Sarai infatti guidato con competenza e gentilezza in questo viaggio appassionante, dove scoprirai i fondamenti essenziali della conversazione avvincente e le tecniche avanzate di replica che ti permetteranno di affrontare ogni situazione: che tu voglia impressionare i tuoi colleghi durante una riunione, catturare il tuo pubblico durante una presentazione, o semplicemente migliorare le tue interazioni sociali, sarai guidato lungo le pagine verso una comunicazione fluida, sicura e avvincente.

Per iniziare, scoprirai i segreti dei principi fondamentali della comunicazione, come l'importanza della chiarezza del messaggio e l'impatto potente della comunicazione non verbale. Addio ai messaggi confusi e alle espressioni facciali che lasciano perplessi! Inoltre, comprenderai l'importanza cruciale di adattare il tuo linguaggio in base al tuo interlocutore, evitando il gergo e utilizzando un linguaggio accessibile.

Ma, come vedrai, una buona conversazione non si limita a parlare, richiede anche un'ascolto attivo.

Scoprirai quindi le tecniche essenziali dell'ascolto attivo verbale, come fare domande aperte e riformulare le parole dell'altro, oltre alle chiavi dell'ascolto attivo non verbale, come mantenere il contatto visivo e mostrare interesse.

Inoltre, imparerai come sviluppare l'empatia e coltivare la consapevolezza di te stesso, ossia metterti nei panni dell'altro per adottare le sue prospettive, e comprendere i tuoi pregiudizi e le tue inclinazioni. Dominerai anche l'arte dell'empatia attiva, che consiste nell'esprimere in modo proattivo e autentico la tua comprensione e il tuo sostegno.

Successivamente, scoprirai come creare una conversazione avvincente, grazie a tecniche efficaci come trovare argomenti comuni ed interessanti o utilizzare aneddoti personali per rendere la conversazione vivace e promuovere la partecipazione dell'altro. Imparerai anche a creare un clima favorevole alla conversazione promuovendo apertura, gentilezza e stabilendo un legame emotivo con il tuo interlocutore. L'arte della narrazione sarà anch'essa esplorata, consentendoti di strutturare storie avvincenti con un inizio, una metà e una fine, utilizzando elementi visivi e descrizioni vivide, oltre a padroneggiare la modulazione vocale e le pause per aggiungere ritmo al tuo racconto.

E che dire della replica incisiva? Ne imparerai anche i segreti. Apprenderai a riconoscere e controllare le tue emozioni durante una conversazione, grazie a diverse tecniche, e successivamente, svilupperai la capacità di trasformare le emozioni negative in energia positiva che alimenta la tua replica. Ma non è tutto! Scoprirai come allenarti a pensare rapidamente attraverso esercizi di riflessione veloce e ad aumentare la tua capacità di trovare risposte pertinenti in un breve lasso di tempo. Inoltre, imparerai tecniche per generare idee e argomenti rapidamente.

Poi, considerando che l'umorismo e l'ironia sono preziosi alleati nell'arte della replica, sarai portato a comprendere i diversi tipi di umorismo e il loro uso appropriato nella conversazione. Vedrai come utilizzare l'umorismo per smorzare le tensioni e creare un'atmosfera rilassata, e come padroneggiare l'arte sottile dell'ironia per esprimere opinioni incisive senza risultare offensivo.

Un altro punto fondamentale che verrà affrontato è il modo di eccellere in ogni scambio adattandosi ai diversi tipi di personalità. Ti saranno rivelate le diverse personalità e i loro stili di comunicazione preferiti, in modo che tu possa capire come adattare il tuo linguaggio e il modo di esprimerti per interagire con ciascuna di esse in modo efficace.

Imparerai anche a sviluppare la tua capacità di fare domande pertinenti, incoraggiare una conversazione approfondita utilizzando domande aperte e utilizzare tecniche di interrogatorio per stimolare la riflessione e l'espressione delle idee dell'altra persona. Ti saranno spiegate anche tecniche di comunicazione non violenta e modi per cercare soluzioni collaborative in caso di conflitto o disaccordo.

Infine, nella parte finale di questo libro, scoprirai come gestire situazioni delicate, superare la timidezza e la paura di esprimerti, ricevere feedback costruttivi per regolare la tua comunicazione e praticare regolarmente per sviluppare le tue competenze in modo sempre più approfondito e continuo.

Bel programma, vero? Indubbiamente denso e ricco, sì, ma altrettanto accattivante, ne convengo. E anche se potrebbe sembrare intimidatorio a prima vista per il suo contenuto abbondante, rassicurati, ti renderai conto durante la lettura che questo libro è di facile accesso. È stato scritto in modo particolarmente didattico, senza discorsi superflui e inutili, in modo che chiunque possa accedere senza difficoltà alle preziose informazioni e ai consigli contenuti.

E, soprattutto, non è solo un libro teorico; il suo obiettivo principale è che tu possa mettere immediatamente in pratica le tecniche comprovate che vi sono illustrate, per ottenere un impatto positivo reale nella tua comunicazione e nella tua vita quotidiana.

Sii certo che non rimpiangerai l'accettare la sfida e imbarcarti in questa avventura memorabile nella comunicazione: questo libro è semplicemente il tuo biglietto per diventare un campione negli scambi, un maestro nelle discussioni e un artista della replica.

Che tu sia un principiante in materia di comunicazione, un introverso, una persona timida o semplicemente desideri perfezionare le tue competenze esistenti, troverai in queste pagine una miniera di informazioni, tecniche e consigli per aiutarti a raggiungere i tuoi obiettivi.

Lasciati guidare in questa emozionante avventura che ti consentirà di esprimerti con facilità e sicurezza in tutte le situazioni: durante conversazioni informali, riunioni professionali, dibattiti accesi o anche nelle tue relazioni personali. Saprai come far valere le tue idee, ascoltare attivamente e creare legami solidi con gli altri, potrai impegnarti in conversazioni piacevoli, esprimendo le tue idee con fiducia e persuasione.

Preparati a diventare un esperto della comunicazione, a impressionare chi ti circonda e a distinguerti in ogni scambio. Insomma, è il momento di prendere in mano la tua conversazione e la tua replica.

Allora, ora che hai compreso a fondo tutti gli aspetti, sei pronto e motivato più che mai ad intraprendere questa avventura emozionante?

Perfetto, basta con le chiacchiere preliminari, immergiti subito nelle pagine di questo libro e scopri le chiavi che ti condurranno verso una comunicazione avvincente e una replica incisiva.

Il mondo delle parole che colpiscono nel segno e degli scambi che emozionano è a portata di mano!

Parte I

Capire i fondamenti della comunicazione efficace

1. Principi fondamentali della comunicazione

a. Chiarezza del messaggio: essere precisi e coerenti

La chiarezza del messaggio è uno dei principi fondamentali della comunicazione efficace. Per essere un comunicatore efficace, è essenziale esprimere le proprie idee in modo preciso e coerente. Ciò implica l'uso di un linguaggio chiaro, parole appropriate e la strutturazione logica delle idee.

Quando comunichi, assicurati che le tue parole siano scelte con attenzione. Utilizza un linguaggio semplice e evita termini tecnici o gergali che potrebbero generare confusione. È preferibile privilegiare parole comprensibili dal tuo interlocutore, adattando il tuo discorso al suo livello di comprensione.

Oltre alla scelta delle parole, la strutturazione delle tue idee gioca un ruolo cruciale nella chiarezza del messaggio. Organizza i tuoi pensieri in modo logico e coerente, utilizzando transizioni chiare tra le diverse parti del tuo discorso. Ciò consentirà al tuo interlocutore di seguire facilmente il tuo ragionamento e comprendere i tuoi punti chiave.

Inoltre, non dimenticare di fornire esempi concreti e

illustrazioni per sostenere le tue affermazioni. Gli esempi concreti rendono le tue idee più tangibili e comprensibili, consentendo al tuo interlocutore di visualizzare ciò che intendi, rafforzando anche l'impatto del tuo messaggio e rendendolo più memorabile.

La chiarezza del messaggio implica anche evitare ambiguità. Sii preciso nelle tue espressioni e evita formulazioni vaghe che spesso generano confusione. Se utilizzi termini astratti o generali, prenditi il tempo di definirli chiaramente per evitare interpretazioni errate.

Infine, la chiarezza del messaggio richiede anche una particolare attenzione alla coerenza delle tue affermazioni. Assicurati che le tue idee si susseguano in modo logico e armonioso, evitando contraddizioni o informazioni contrastanti che potrebbero seminare confusione nella mente del tuo interlocutore. La coerenza rafforza la tua credibilità e la tua capacità di trasmettere il messaggio in modo efficace.

In sintesi, la chiarezza del messaggio è un principio fondamentale della comunicazione efficace. Essere precisi e coerenti nel linguaggio, strutturare le idee in modo logico, fornire esempi concreti ed evitare ambiguità sono tutti elementi chiave per garantire che il tuo messaggio sia chiaro e comprensibile.

Applicando questi principi, comunicherai in modo più efficace ed instaurerai scambi significativi con i tuoi interlocutori.

b. L'importanza della comunicazione non verbale: gesti, espressioni facciali, ecc.

Contrariamente a quanto si potrebbe pensare, la comunicazione non si limita solo alle parole che usiamo, ma abbraccia anche una vasta gamma di segnali non verbali che rafforzano, completano e talvolta contraddicono i nostri messaggi verbali. L'importanza della comunicazione non verbale, che include gesti, espressioni facciali, postura e intonazioni vocali, è spesso sottovalutata, ma svolge un ruolo essenziale nella trasmissione efficace delle nostre idee ed emozioni.

I gesti sono una delle forme più evidenti di comunicazione non verbale. Possono esprimere una varietà di significati, dai movimenti delle mani alle espressioni più sottili, come i cenni del capo o i movimenti del corpo. I gesti completano e rafforzano le parole che utilizziamo, aggiungendo una dimensione visiva alla nostra comunicazione. Ad esempio, utilizzando gesti aperti e accoglienti, come braccia aperte o pugni rilassati, trasmettiamo un senso di disponibilità e apertura all'altra persona, facilitando così una comunicazione più armoniosa.

Le espressioni facciali sono un altro aspetto importante della comunicazione non verbale. Il nostro viso è infatti un potente mezzo per esprimere le emozioni e trasmettere messaggi sottili. Sorrisi, aggrottamenti di sopracciglia, sguardi, battiti di ciglia e movimenti delle labbra sono tutte espressioni facciali che influenzano il modo in cui i nostri messaggi vengono percepiti. Ad esempio, un sorriso caloroso indicherà empatia e approvazione, mentre un aggrottamento di sopracciglia segnalerà preoccupazione o disaccordo. Essendo consapevoli delle nostre espressioni facciali e adattandole al contesto, possiamo rafforzare l'impatto della nostra comunicazione verbale.

Anche la postura e i movimenti del corpo sono elementi cruciali della comunicazione non verbale. Una postura eretta e aperta esprime fiducia e sicurezza, mentre una postura curva o chiusa segnala al contrario timidezza o disinteresse. Anche i nostri movimenti corporei, come il modo in cui ci muoviamo nello spazio, come ci teniamo in piedi o come ci sediamo, inviano segnali sottili al nostro interlocutore. Essendo attenti alla nostra postura e ai nostri movimenti, possiamo regolare la nostra comunicazione non verbale per intensificare il nostro messaggio e favorire una migliore comprensione.

Infine, la tonalità della voce e le variazioni del ritmo del discorso sono altri elementi da considerare per una comunicazione non verbale efficace. Il modo in cui usiamo la voce, sia in termini di altezza, volume, ritmo o intonazione, influenzerà il significato delle nostre parole: ad esempio, una voce calma e posata trasmetterà fiducia e autocontrollo, mentre una voce veloce e incerta indicherà ansia o incertezza. Variando intenzionalmente la nostra tonalità di voce e adeguando il nostro ritmo di parola in base al messaggio che vogliamo trasmettere, rafforzeremo l'impatto emotivo della nostra comunicazione.

Come appena illustrato, l'importanza della comunicazione non verbale risiede nella sua capacità di completare, rafforzare e talvolta addirittura superare le parole che utilizziamo. Permette di esprimere le emozioni, aumentare la nostra presenza ed instaurare un'autentica connessione con il nostro interlocutore. Quando i nostri segnali verbali e non verbali sono in perfetta armonia, si crea una comunicazione estremamente coerente e persuasiva.

È quindi essenziale essere consapevoli della nostra stessa comunicazione non verbale, ma non dobbiamo trascurare la capacità di leggere e interpretare quella degli altri. Osservando attentamente i gesti, le espressioni facciali, la postura e le intonazioni vocali del nostro interlocutore, possiamo ottenere informazioni aggiuntive sulle sue idee, emozioni e stato d'animo, consentendoci di adattare la nostra comunicazione di conseguenza e comprendere meglio i messaggi che ci vengono trasmessi.

Per migliorare la tua comunicazione non verbale, sarà necessario praticare la consapevolezza di te stesso (approfondiremo questo punto in seguito) e sviluppare la tua capacità di osservare i segnali non verbali, cioè esercitarti ad adottare un atteggiamento aperto e sicuro, prendere consapevolezza delle tue espressioni facciali e dei tuoi gesti, e ascoltare attentamente le variazioni del tono della tua voce.

In conclusione, la comunicazione non verbale gioca un ruolo cruciale nella trasmissione efficace delle nostre idee ed emozioni: gesti, espressioni facciali, postura e tonalità della voce sono elementi essenziali da considerare per comunicare in modo coerente e influente. Essendo attenti a questi segnali non verbali, migliorerai la tua capacità di comunicare con impatto, comprendere gli altri e stabilire connessioni autentiche in tutti gli aspetti della tua vita.

c. Adattare il proprio linguaggio in base all'interlocutore: evitare il gergo, utilizzare un linguaggio accessibile

Quando comunichiamo con gli altri, sembra logico adattare il nostro linguaggio in base al nostro interlocutore. La scelta delle parole che utilizziamo e il modo in cui strutturiamo le frasi hanno un impatto significativo sulla comprensione e sull'coinvolgimento del nostro pubblico. Una delle chiavi per una comunicazione efficace consiste quindi nell'evitare l'uso eccessivo di gergo o termini tecnici e privilegiare un linguaggio accessibile a tutti.

L'uso del gergo, o l'impiego di termini specializzati propri di un settore o di una professione particolare, può rappresentare un ostacolo a una comunicazione chiara ed efficace. Infatti, quando usiamo il gergo, rischiamo di perdere il nostro pubblico, di generare confusione e di creare una barriera tra noi e i nostri interlocutori. Ricordate che non tutti sono familiari con i termini tecnici specifici del vostro settore di competenza. Pertanto, cercate di tradurre il linguaggio specializzato in termini più accessibili e comprensibili per tutti.

Per comunicare adeguatamente con persone non familiari al nostro settore di competenza, è anche preferibile evitare acronimi, termini tecnici complessi e espressioni troppo specifiche. Invece, utilizzate un linguaggio semplice, chiaro e conciso. Ciò consentirà al vostro messaggio di essere compreso da un vasto pubblico e agevolerà il coinvolgimento del vostro interlocutore nella conversazione.

Adattare il nostro linguaggio richiede inoltre di conoscere il nostro pubblico e di tenere conto del livello di conoscenza, dell'esperienza e degli interessi di coloro che lo compongono. Se stiamo parlando con persone non familiari al nostro settore, dobbiamo spiegare i termini complessi in modo accessibile. Utilizzare esempi concreti, metafore o analogie può anche aiutare a chiarire concetti astratti e rendere la nostra comunicazione più vivace e interessante.

Inoltre, dobbiamo essere consapevoli delle differenze culturali e linguistiche del nostro pubblico. Se stiamo comunicando in una lingua straniera o con persone il cui livello di padronanza della lingua non è elevato, dovremo utilizzare un vocabolario semplice e frasi brevi. Dobbiamo anche mostrare pazienza e essere pronti a ripetere o riformulare le nostre idee se necessario, al fine di facilitare la comprensione reciproca.

Tuttavia, notate bene che adattare il vostro linguaggio non significa semplificare il vostro messaggio al punto da denaturarlo, ma piuttosto renderlo accessibile e comprensibile per il vostro pubblico specifico. In realtà, si tratta di trovare un equilibrio tra chiarezza e precisione, evitando il più possibile termini tecnici inutili che potrebbero confondere il vostro interlocutore. Allo stesso modo, adattare il vostro linguaggio non significa compromettere la vostra competenza o credibilità. Al contrario, dimostrerà la vostra capacità di comunicare con chiarezza e di rendere concetti complessi accessibili a un vasto pubblico. Semplicemente, utilizzando un linguaggio comprensibile, consentiamo ai nostri interlocutori di impegnarsi pienamente nella conversazione e di cogliere appieno le nostre idee.

Adattando il vostro linguaggio, dimostrerete rispetto verso il vostro interlocutore: riconoscerete in questo modo che ognuno possiede conoscenze e interessi diversi, e cercherete di stabilire una comunicazione inclusiva e comprensibile per tutti, consolidando così la connessione tra le persone e favorendo uno scambio di idee più fluido e proficuo.

In sintesi, adattare il nostro linguaggio in base al nostro interlocutore è un aspetto essenziale della comunicazione efficace. Evitando l'uso eccessivo di gergo, privilegiando un linguaggio semplice e tenendo conto del livello di conoscenza e delle differenze culturali del nostro pubblico, incoraggiamo una comunicazione chiara, comprensibile e coinvolgente.

Ciò rafforza il collegamento con il nostro interlocutore e consente uno scambio di idee proficuo. Sviluppando questa competenza di adattamento del linguaggio, migliorerete notevolmente la vostra capacità di comunicare con successo in vari contesti e di stabilire relazioni solide e durature.

2. L'ascolto attivo: la chiave per avviare una conversazione

a. Ascolto attivo verbale: fare domande aperte, riformulare quanto detto dall'altro

L'ascolto attivo verbale si configura come una competenza essenziale per avviare una conversazione significativa ed instaurare una comunicazione efficace. Consiste nel dedicare tutta la nostra attenzione al nostro interlocutore, nel porre domande aperte e nel riformulare quanto detto dall'altro per dimostrare la nostra comprensione e il nostro sincero interesse.

Innanzitutto, porre domande aperte è un modo particolarmente efficace per incoraggiare il nostro interlocutore a esprimersi maggiormente. Cos'è una domanda aperta? Semplicemente, una domanda aperta è una domanda a cui non si può rispondere con un "sì" o un "no" e che richiede una risposta più dettagliata. Le domande aperte consentono quindi di approfondire la discussione e di incoraggiare l'altra persona a condividere pensieri, opinioni ed esperienze. Ad esempio, anziché chiedere "Ti è piaciuto il film?", potresti fare la domanda aperta "Cosa ti ha colpito di più nel film?". Ciò permetterebbe al tuo interlocutore di condividere le sue impressioni e riflessioni personali, aprendo la strada a una conversazione più ricca e interessante.

Successivamente, riformulare quanto detto dall'altro consiste nel ripetere brevemente e in modo conciso ciò che il nostro interlocutore ha appena espresso. Ciò dimostra la nostra attenta ascolto e la nostra comprensione del suo messaggio. La riformulazione aiuta a chiarire i punti importanti, a evitare malintesi e a mostrare al nostro interlocutore che stiamo prestando un'attenzione attiva. Ciò può essere fatto utilizzando frasi come "Se ho capito bene, vuoi dire che..." o "Quindi, se ti ho seguito bene, provi...". La riformulazione rafforza il legame tra gli interlocutori e incoraggia una comunicazione più approfondita e autentica.

L'ascolto attivo verbale va oltre il semplice sentire le parole del nostro interlocutore. Implica concentrarsi completamente su ciò che viene detto, mostrare empatia e sospendere il giudizio. Significa anche essere consapevoli del nostro linguaggio non verbale, come mantenere il contatto visivo, annuire per mostrare la nostra comprensione e adottare una postura aperta. Questi segnali non verbali aumentano il nostro ascolto attivo verbale e mostrano al nostro interlocutore che siamo veramente impegnati nella conversazione.

L'ascolto attivo verbale contribuisce a creare uno spazio di fiducia e rispetto reciproco. Favorisce una comunicazione fluida, in cui idee e sentimenti possono essere condivisi liberamente. Ponendo domande aperte e riformulando quanto detto dall'altro, mostriamo il nostro sincero interesse, rafforziamo la comprensione reciproca e incoraggiamo il nostro interlocutore a esprimersi pienamente. Ciò genera una dinamica di conversazione positiva e alimenta le relazioni interpersonali.

Infine, è importante notare che l'ascolto attivo verbale non si limita solo alle conversazioni faccia a faccia, ma può essere applicato anche negli scambi telefonici o online. Anche senza un contatto visivo diretto, possiamo comunque manifestare il nostro ascolto attivo utilizzando espressioni verbali come "Capisco" o "D'accordo" per mostrare il nostro impegno e la nostra comprensione.

In conclusione, l'ascolto attivo verbale è una

competenza essenziale per avviare una conversazione efficace: porre domande aperte e riformulare quanto detto dall'altro dimostrano il nostro sincero interesse, promuovono una comunicazione più profonda e autentica e rafforzano la comprensione reciproca. Praticando regolarmente l'ascolto attivo verbale, migliorerai la tua capacità di stabilire connessioni significative con gli altri e di creare un ambiente favorevole a una comunicazione aperta e autentica.

b. L'ascolto attivo non verbale: mantenere il contatto visivo, annuire, mostrare interesse

L'ascolto attivo non si limita solo all'aspetto verbale della comunicazione, ma include anche l'aspetto non verbale. Il nostro linguaggio corporeo, le espressioni facciali e i gesti giocano un ruolo cruciale nella nostra capacità di dimostrare un ascolto attento ed avviare una conversazione in modo efficace.

Mantenere un contatto visivo è uno degli elementi più importanti dell'ascolto attivo non verbale. Quando guardiamo direttamente il nostro interlocutore negli occhi, gli trasmettiamo un messaggio di rispetto, interesse e impegno. Il contatto visivo stabilisce una connessione umana e rafforza la fiducia tra gli interlocutori, indicando anche che siamo presenti nel momento presente e prestiamo attenzione totale a ciò che l'interlocutore ha da dire.

Annuiro in modo appropriato è un altro modo per mostrare il nostro ascolto attivo non verbale. Se annuiamo ogni tanto o incliniamo leggermente il corpo in avanti, segnaliamo al nostro interlocutore che siamo attenti alle sue parole e che approviamo o comprendiamo ciò che viene detto. Questo incoraggerà l'interlocutore a continuare a esprimersi e a sentirsi ascoltato.

Allo stesso modo, esprimere empatia attraverso le espressioni facciali è essenziale per mostrare al nostro interlocutore che comprendiamo e condividiamo le sue emozioni. Un sorriso caloroso o un'espressione di comprensione aiuteranno a stabilire una connessione emotiva e a rafforzare la fiducia. L'empatia non verbale permette all'altra persona di sentirsi ascoltata, supportata e compresa, facilitando una comunicazione più profonda e significativa.

Mostrare interesse attraverso il nostro linguaggio corporeo è anche cruciale per un ascolto attivo non verbale efficace. Possiamo esprimere il nostro interesse orientando il nostro corpo verso l'interlocutore, adottando una postura aperta e rilassata, e evitando segni di distrazione o impazienza, come guardare altrove, incrociare le braccia o tamburellare le dita. Essere attenti al proprio linguaggio corporeo invia un messaggio chiaro al nostro interlocutore che siamo receptivi e pronti a intraprendere una conversazione significativa.

Tuttavia, tenete presente che l'ascolto attivo non verbale deve essere congruente con il nostro ascolto attivo verbale, il che significa che le nostre espressioni facciali, il nostro linguaggio corporeo e i nostri gesti devono essere in sintonia con le nostre parole e dimostrare un ascolto autentico e sincero. Qualsiasi discrepanza tra il nostro linguaggio verbale e non verbale creerà confusione e ridurrà l'efficacia della nostra comunicazione.

In conclusione, l'ascolto attivo non verbale è una componente chiave dell'ascolto attivo complessivo. Mantenendo il contatto visivo, annuendo in modo appropriato, mostrando interesse attraverso il linguaggio corporeo ed esprimendo empatia attraverso le espressioni facciali, si rafforza la capacità di avviare una conversazione in modo efficace. Questi elementi dell'ascolto attivo non verbale creano naturalmente un ambiente favorevole alla comunicazione aperta, alla fiducia reciproca e alla comprensione reciproca.

c. Praticare l'empatia: mettersi nei panni dell'altro, comprendere le emozioni e i bisogni

L'empatia è una competenza fondamentale nell'ascolto attivo che consiste nel mettersi nei panni dell'altra persona, comprendere le sue emozioni e i suoi bisogni, e comunicare questa comprensione in modo significativo. Praticando l'empatia, creiamo un ambiente di comunicazione compassionevole e favoriamo scambi più profondi e costruttivi.

Per praticare l'empatia, è necessario sospendere il proprio giudizio e concentrarsi completamente sui sentimenti e sulle prospettive dell'interlocutore. Ciò significa ascoltare attentamente ciò che viene detto, ma anche essere attenti ai segnali non verbali e agli indizi emotivi. Essere aperti e receptivi a ciò che l'altra persona esprime ci consente di comprendere meglio la sua esperienza e di mostrare che siamo lì per sostenerla.

Comprendere le emozioni dell'altro è parte integrante dell'empatia. Le emozioni sono una forma di linguaggio universale che esprime i sentimenti e gli stati d'animo di ogni individuo. Prestando attenzione ai segnali emotivi come le espressioni facciali, il tono della voce e il linguaggio del corpo, possiamo identificare le emozioni che l'interlocutore sta provando. Ad esempio, se sembra triste o frustrato, possiamo riflettere quest'emozione dicendo qualcosa come "Vedo che sei contrariato da questa situazione" o "Capisco che questo ti rende triste".

Comprendere anche i bisogni dell'altro è essenziale per praticare l'empatia. Ogni persona ha bisogni fondamentali come l'amore, la sicurezza, l'appartenenza, il riconoscimento, ecc. Ascoltando attivamente e ponendo domande pertinenti, potrete scoprire i bisogni specifici del vostro interlocutore. Ad esempio, se qualcuno esprime il suo senso di isolamento, potete chiedere come potete aiutarlo a sentirsi più supportato e incluso.

Una volta comprese le emozioni e i bisogni dell'altra persona, sarà importante comunicarli in modo autentico e rispettoso. Riflettete ad alta voce su ciò che avete compreso delle emozioni e dei bisogni dell'altra persona. Potete utilizzare frasi come "Posso capire quanto debba essere difficile per te", "Comprendo che ti senti frustrato perché..." o "È evidente che hai bisogno di supporto in questa situazione". Questo mostrerà all'interlocutore che siete connessi alla sua realtà emotiva e che vi preoccupate per il suo benessere.

Praticando l'empatia, si crea uno spazio di comunicazione in cui ognuno si sente ascoltato, compreso e valorizzato. Ciò rafforza i legami interpersonali, favorisce una migliore comprensione reciproca e agevola la risoluzione dei problemi. L'empatia permette anche di sviluppare relazioni più profonde e di coltivare un'atmosfera di fiducia e benevolenza.

Tuttavia, è importante notare che l'empatia non implica necessariamente di essere d'accordo con l'altra persona o risolvere tutti i suoi problemi. L'empatia è prima di tutto un'attitudine di ascolto e comprensione che riconosce e valida le emozioni e i bisogni dell'altra persona. Ciò non significa che dobbiamo abbandonare le nostre prospettive, ma piuttosto che siamo disposti a riconoscere e rispettare la realtà soggettiva dell'altra persona.

L'empatia richiede pratica e sensibilità, ma integrandola regolarmente, svilupperete una competenza essenziale per avviare conversazioni significative e alimentare relazioni interpersonali positive, poiché l'empatia favorisce la comprensione reciproca, rafforza la fiducia e apre la strada a scambi costruttivi.

In conclusione, la pratica dell'empatia consiste nel mettersi nei panni dell'altra persona, comprendere le sue emozioni e i suoi bisogni, e comunicare questa comprensione in modo rispettoso. Contribuisce a creare un clima di comunicazione compassionevole in cui ognuno si sente ascoltato e compreso. Integrando l'empatia nelle vostre interazioni, favorirete conversazioni più profonde, una migliore comprensione reciproca e relazioni durature.

3. L'importanza della percezione e dell'empatia

a. Sviluppare la consapevolezza di sé: comprendere i propri pregiudizi e bias

Nel processo di comunicazione efficace, è essenziale sviluppare una profonda consapevolezza di sé. Ciò implica la comprensione dei nostri propri bias e pregiudizi al fine di riconoscerli e gestirli in modo appropriato. Diventando consapevoli dei propri filtri percettivi, eviterete interpretazioni errate, giudizi affrettati e reazioni impulsive, promuovendo una comunicazione più aperta e rispettosa.

La consapevolezza di sé consente di esplorare i propri valori, le credenze, le esperienze passate e gli schemi di pensiero. Ecco alcune strategie per sviluppare questa competenza:

• Riflessione introspettiva: prendetevi del tempo per riflettere su voi stessi, sulle vostre esperienze e sulle vostre reazioni emotive. Ponetevi domande sui vostri valori, le vostre credenze e i vostri pregiudizi. Esplorate gli eventi passati che potrebbero influenzare la vostra percezione del mondo e degli altri. Questa consapevolezza dei propri filtri vi permetterà di adottare un atteggiamento più riflessivo nelle vostre interazioni.

• Allargate i vostri orizzonti: sforzatevi di esporvi a diverse prospettive, culture ed esperienze. Leggete libri, guardate film o intrattenetevi in conversazioni con persone che hanno punti di vista diversi dai vostri. Ciò vi aiuterà a mettere in discussione le vostre convinzioni e a sviluppare una comprensione più sfumata del mondo.

• Siate aperti al feedback: accettate i commenti e le critiche costruttive dal vostro ambiente. Ascoltate attentamente ciò che gli altri hanno da dire sui vostri comportamenti, le vostre reazioni e i vostri eventuali pregiudizi e, se necessario, siate pronti a mettervi in discussione e apportare modifiche.

• Praticate la messa in discussione: esercitatevi a mettere in discussione i vostri stessi pensieri e giudizi. Quando osservate reazioni emotive o giudizi affrettati, prendetevi una pausa e cercate di capire da dove provengono. Ponetevi domande come "Perché ho questa reazione?" o "Quali sono le credenze sottostanti che influenzano la mia percezione?". Ciò vi aiuterà a sviluppare un pensiero più critico e una comunicazione più aperta.

• Coltivate l'empatia verso voi stessi: concedetevi compassione e gentilezza quando identificate bias o pregiudizi in voi stessi. Riconoscere la nostra comune umanità e propensione all'errore ci aiuta ad accettarci e ad impegnarci in un processo di miglioramento continuo.

Sviluppando una consapevolezza di sé approfondita, sarete meglio preparati a comunicare in modo efficace e rispettoso. Comprendere i nostri propri bias e pregiudizi ci consente di adottare un atteggiamento di apertura, empatia e curiosità verso gli altri, favorendo la comprensione reciproca, la risoluzione dei conflitti e la creazione di relazioni autentiche e arricchenti.

Inoltre, quando siamo consapevoli dei nostri bias e pregiudizi, siamo in grado di riconoscere come possono influenzare le nostre percezioni, interpretazioni e reazioni. Ciò ci consente di evitare di proiettare i nostri sentimenti, opinioni ed esperienze sugli altri, il che può ostacolare una comunicazione efficace.

La consapevolezza dei nostri bias ci aiuta anche a rimanere aperti a nuove idee e prospettive diverse.

Comprendiamo che le nostre esperienze individuali non sono universali e che altre persone possono avere punti di vista validi e legittimi, anche se differiscono dai nostri. Questa apertura mentale favorisce uno scambio costruttivo di idee e una migliore comprensione reciproca.

Identificando e mettendo in discussione i nostri pregiudizi, possiamo anche evitare giudizi affrettati e stereotipi che potrebbero danneggiare le nostre relazioni. Possiamo avvicinarci agli altri con un atteggiamento di apertura, rispetto e curiosità, favorendo così un clima di fiducia e ascolto reciproco.

La consapevolezza di sé è quindi un elemento fondamentale della comunicazione efficace, poiché ci consente di comprendere meglio le nostre stesse reazioni, riconoscere i nostri limiti e lavorare attivamente sui nostri pregiudizi e bias. Sviluppando questa competenza, possiamo comunicare in modo più autentico, rispettoso ed empatico, stabilendo così relazioni più solide e durature.

In conclusione, la consapevolezza di sé è essenziale per comprendere i nostri bias e pregiudizi nel processo di comunicazione. Essendo consapevoli di questi fattori, sarete meglio preparati per interagire in modo rispettoso, aperto ed empatico con gli altri. La pratica della consapevolezza di sé vi aiuterà a migliorare la vostra comunicazione, a costruire relazioni più sane e a approfondire la vostra comprensione reciproca.

b. La prospettiva dell'altro: vedere le cose con gli occhi del proprio interlocutore

Nel contesto della comunicazione efficace, è cruciale sviluppare la capacità di prendere in considerazione la prospettiva dell'altro. Ciò significa essere in grado di vedere le cose con i suoi occhi, comprendere i suoi punti di vista, le sue credenze e le sue esperienze uniche. Adottando questo approccio, migliorerai notevolmente la tua comprensione reciproca e costruirai relazioni armoniose e soddisfacenti.

Vedere le cose attraverso la prospettiva dell'altro è una competenza essenziale per la comunicazione empatica. Questo va oltre il semplice comprendere le emozioni e i bisogni dell'altra persona e implica il riconoscere che ogni individuo ha la propria realtà soggettiva, influenzata da fattori come l'educazione, le esperienze passate, i valori, la cultura e le credenze.

Per coltivare questa competenza, devi essere curioso e aperto mentalmente. Ecco alcuni consigli su come vedere le cose attraverso la prospettiva dell'altro:

• Pratica l'ascolto attivo: presta tutta la tua attenzione

al tuo interlocutore e ascolta attentamente ciò che dice, evitando di interrompere o difendere il tuo punto di vista, ma piuttosto cercando di capire il suo. Fai domande aperte (abbiamo già visto di cosa si tratta) per approfondire la comprensione della sua prospettiva e incoraggialo a esprimersi liberamente.

• Sospendi i tuoi pregiudizi: sii consapevole dei tuoi pregiudizi, delle tue opinioni e delle idee preconcette. Riconoscere che la tua percezione del mondo può essere limitata ti permette di essere più aperto a diverse prospettive. Evita di giudicare e di trarre conclusioni troppo rapidamente. Invece, cerca di capire le ragioni che stanno alla base del punto di vista dell'altra persona.

• Pratica l'empatia: mettiti nei panni dell'altra persona e immagina come ti sentiresti e reagiresti se fossi nella sua situazione. Cerca di capire le motivazioni, i valori e le preoccupazioni che influenzano la sua prospettiva. Questo ti permetterà di cogliere meglio le sue reazioni e di sviluppare una connessione più profonda.

• Esplora le differenze culturali: se stai comunicando con persone di culture diverse, devi tenere conto delle differenze culturali nella loro percezione e interpretazione del mondo. Mostra curiosità ed informati sulle norme culturali, i valori e le pratiche dell'altra persona. Ciò ti aiuterà a comprendere meglio le sue scelte e i suoi comportamenti.

• Pratica la tolleranza e la flessibilità: riconoscere che ognuno ha il diritto di avere la propria prospettiva e che questa può differire dalla tua contribuirà a mantenere una comunicazione costruttiva. Sii quindi pronto a mettere in discussione le tue convinzioni e a considerare nuove idee, cercando zone di convergenza e trovando compromessi quando necessario.

Adottando una prospettiva basata sull'empatia e cercando di capire la visione del mondo dell'altra persona, promuoviamo un clima di comunicazione rispettoso e aperto. Ciò consente di sviluppare una comprensione più profonda e di affrontare le differenze con tolleranza e flessibilità.

Comprendere la prospettiva dell'altro ci consente di cogliere meglio le sue motivazioni, le sue preoccupazioni e le sue aspirazioni. Ciò ci permette di stabilire legami più forti e di creare relazioni armoniose. Inoltre, ci aiuta a evitare malintesi e conflitti derivanti da una cattiva interpretazione delle intenzioni dell'altro.

Per adottare la prospettiva dell'altro, è importante mettere da parte il nostro ego e il nostro punto di vista temporaneamente. Ciò non significa che dobbiamo abbandonare le nostre convinzioni, ma piuttosto che siamo disposti ad ascoltare attivamente e a considerare le idee e i sentimenti dell'altra persona con rispetto.

Considerando le differenze culturali e i contesti individuali, siamo meglio attrezzati per interpretare i messaggi in modo appropriato. Ad esempio, un'espressione facciale o un tono di voce possono avere significati diversi a seconda della cultura. Essere consapevoli di queste differenze aiuta ad evitare malintesi e a comunicare meglio le nostre stesse idee.

In definitiva, la prospettiva dell'altro è un elemento chiave della comunicazione efficace. Vedendo le cose con gli occhi del nostro interlocutore, stabiliamo connessioni più profonde, rafforziamo la nostra empatia e creiamo relazioni durature. Ciò richiede curiosità, apertura mentale e la volontà di mettere in discussione le nostre percezioni. Sviluppando questa competenza, sarai in grado di impegnarti in conversazioni più significative e di costruire ponti tra gli individui, favorendo una comunicazione più ricca e appagante.

c. Coltivare l'empatia attiva: esprimere empatia in modo proattivo e autentico

L'empatia è una competenza cruciale nella comunicazione efficace, poiché consente di connettersi veramente alle emozioni, alle esperienze e ai bisogni degli altri. Coltivare un'empatia attiva significa esprimere questa empatia in modo proattivo e autentico, creando così un ambiente favorevole a una comunicazione più profonda e significativa. Esaminiamo prima insieme alcune strategie efficaci per coltivare l'empatia attiva:

• Ascolto attento: presta una attenzione sostenuta alle parole del tuo interlocutore. Sii presente mentalmente ed emotivamente, concentrati su ciò che dice senza farti distrarre dai tuoi pensieri o preoccupazioni. Mostra attraverso il tuo linguaggio del corpo che sei impegnato nella conversazione, inclinando leggermente la testa, mantenendo il contatto visivo e utilizzando segni di riconoscimento verbali, come "Vedo" o "Capisco".

• Convalida delle emozioni: quando l'altra persona esprime le sue emozioni, prenditi il tempo di convalidarle, ossia riconoscere e rispettare i suoi sentimenti, anche se non condividi necessariamente le stesse emozioni. Usa frasi come "Capisco che ti senti così" o "È del tutto normale provare questo in questa situazione". Questa convalida rafforzerà il legame emotivo e farà sentire al tuo interlocutore di essere ascoltato e compreso.

• Prospettiva condivisa: sforzati di metterti nei panni

dell'altra persona e di vedere la situazione attraverso i suoi occhi. Cerca di capire i fattori che influenzano i suoi pensieri, le sue emozioni e le sue reazioni, mostrando curiosità, ponendo domande per chiarire la sua prospettiva e liberandoti da ogni giudizio preconcetto. Sviluppando una comprensione approfondita della prospettiva dell'altro, comunicherai automaticamente in modo più rispettoso e troverai soluzioni che tengano conto dei suoi bisogni.

• Comunicazione non verbale empatica: usa il tuo linguaggio del corpo per esprimere la tua empatia. Adotta una postura aperta, rilassa le spalle e mostra calore nell'espressione del viso. Manifesta empatia con piccoli gesti, come sorrisi incoraggianti, strette di mano calorose o contatti fisici appropriati, come una leggera pacca sulla spalla. Questi segnali non verbali trasmettono il messaggio che sei presente e che ti preoccupi delle emozioni dell'altra persona.

Queste strategie funzionano, ma sii consapevole che l'empatia attiva non si limita alle situazioni piacevoli e armoniose. È essenziale anche quando ci sono disaccordi o conflitti: cerca di capire le motivazioni e le preoccupazioni dell'altra persona, anche se non condividi il suo punto di vista. Mostra empatia ascoltando attivamente, evitando giudizi affrettati e cercando soluzioni collaborative che soddisfino i bisogni di entrambe le parti.

Dopo una conversazione o un'interazione, prenditi il tempo di riflettere sull'esperienza dell'altra persona e sulla tua reazione, cercando di metterti al suo posto e di comprendere le emozioni e le motivazioni che hanno influenzato le sue parole e le sue azioni. Questa riflessione ti aiuterà a rafforzare la tua capacità di empatia e a comprendere meglio le dinamiche relazionali.

Non dimenticare che l'empatia attiva richiede anche di sospendere i giudizi e i pregiudizi. Invece di trarre conclusioni troppo rapidamente, mostra curiosità e poni domande per comprendere meglio la prospettiva dell'altra persona. Sii aperto alla scoperta di nuove informazioni che potrebbero mettere in discussione le tue stesse convinzioni e opinioni.
L'empatia attiva implica anche di essere autentici nella tua espressione di empatia. Non forzare una reazione emotiva artificiale, ma sii sincero nella tua comprensione e nel tuo sostegno. Se non comprendi completamente le emozioni dell'altra persona, sii onesto al riguardo e incoraggiala a condividere ulteriormente.

Infine, sappi che l'empatia attiva è strettamente legata all'intelligenza emotiva, ovvero la capacità di riconoscere, comprendere e gestire le proprie emozioni, così come quelle degli altri. Coltivando la tua intelligenza emotiva, esprimerai un'empatia più autentica, riconoscerai i segnali emotivi sottili e potrai adattare la tua comunicazione di conseguenza.

Coltivando l'empatia attiva, crei uno spazio di ascolto e comprensione reciproca nelle tue interazioni, il che favorirà relazioni più profonde, rispettose e autentiche. Quando esprimi empatia in modo proattivo, mostri agli altri che ti preoccupi di loro, che li capisci e che sei pronto a sostenere le loro emozioni e i loro bisogni, rafforzando la fiducia, facilitando la risoluzione dei conflitti e consentendo una comunicazione più armoniosa e arricchente.

In conclusione, coltivare l'empatia attiva è estremamente importante per una comunicazione efficace. L'empatia implica presenza, convalida delle emozioni, condivisione della prospettiva e pratica di una comunicazione non verbale empatica. Sviluppando questa competenza, stabilirai connessioni profonde, comprenderai gli altri più approfonditamente e manterrà relazioni armoniose e appaganti.

Parte II

Sviluppare una conversazione coinvolgente

1. Gli elementi chiave di una conversazione interessante

a. Trovare argomenti comuni e interessanti

Un ottimo modo per mantenere una conversazione avvincente è trovare argomenti comuni e interessanti che suscitano l'interesse e l'impegno dei partecipanti. Quando si riesce a identificare questi argomenti, si genera una dinamica conversazionale piacevole e stimolante, creando così una comunicazione fluida e coinvolgente. Ecco alcune strategie per trovare argomenti comuni e interessanti:

• Mostrate curiosità: coltivate un'attitudine di curiosità verso gli altri. Ponete domande aperte per scoprire i loro interessi, passioni ed esperienze e siate autenticamente interessati alle loro risposte, mostrando di apprezzare la loro prospettiva. Questa apertura favorirà l'esplorazione di argomenti che suscitano il loro entusiasmo e vi permetterà di trovare punti in comune.

• Siate attenti ai segnali: osservate attentamente i segnali verbali e non verbali del vostro interlocutore e notate gli argomenti su cui reagisce con entusiasmo, sia che si tratti di un sorriso più ampio, di un tono di voce più alto o di un'espressione facciale positiva.

Questi segnali indicano gli argomenti che sono suscettibili di interessarlo e di avviare una conversazione avvincente.

• Tenete conto dell'ambiente e delle circostanze: adattate gli argomenti di conversazione in base all'ambiente e alle circostanze in cui vi trovate. Se siete in un contesto professionale, parlate di argomenti legati al settore o alle ultime tendenze del settore. Se siete in un contesto sociale informale, potete affrontare argomenti più personali, come viaggi, hobby, cultura o passatempi.

• Approfittate delle notizie e degli eventi recenti: gli eventi attuali e le notizie spesso offrono argomenti di conversazione interessanti e rilevanti. Quindi, cercate di rimanere informati sugli ultimi sviluppi nel mondo e nel vostro campo di interesse e utilizzate queste informazioni per avviare discussioni arricchenti. Siate consapevoli delle diverse opinioni e siate pronti ad ascoltare le opinioni degli altri.

• Condividete le vostre esperienze: condividere le vostre esperienze e passioni può suscitare l'interesse degli altri. Raccontate aneddoti personali, viaggi memorabili, esperienze professionali o scoperte interessanti che avete fatto. Condividendo le vostre passioni, invitate gli altri a condividere a loro volta le proprie e a stabilire connessioni su argomenti che li appassionano.

• Esplorate argomenti universali: alcuni argomenti hanno un'applicazione universale e suscitano l'interesse e l'impegno della maggior parte delle persone. Ad esempio, musica, film, cucina, libri, sport e viaggi sono spesso argomenti che suscitano interesse e generano discussioni animate. Identificate gli interessi comuni e utilizzateli come base per sviluppare una conversazione avvincente.

• Interessatevi a argomenti più profondi: oltre agli argomenti superficiali, cercate anche di esplorare tematiche più profonde e significative. Ad esempio, parlate di argomenti come filosofia, psicologia, questioni sociali o sfide personali. Questi argomenti permetteranno di approfondire la riflessione e di avviare conversazioni più ricche e stimolanti.

• Mostrate apertura mentale: siate aperti all'esplorazione di argomenti diversi dai vostri interessi personali, cioè non limitatevi alle vostre preferenze, ma sforzatevi di interessarvi agli argomenti che appassionano il vostro interlocutore. Questo mostrerà la vostra volontà di imparare e di connettervi con l'altra persona, generando una conversazione avvincente e gratificante per entrambi.

• Utilizzate tecniche di rimbalzo: quando affrontate un

argomento, utilizzate tecniche di rimbalzo per approfondire la conversazione e mantenere l'impegno. Ponete domande di approfondimento, riformulate le dichiarazioni del vostro interlocutore per mostrare che lo state ascoltando attentamente e aggiungete informazioni pertinenti per arricchire la discussione. Queste tecniche consentono di sviluppare gli argomenti trattati e di approfondire la comprensione reciproca.

• Bilanciate l'espressione e l'ascolto: una conversazione avvincente richiede un equilibrio tra l'espressione delle vostre idee e l'ascolto attivo degli altri. Quindi, non monopolizzate la conversazione, ma assicuratevi di lasciare spazio sufficiente al vostro interlocutore per esprimersi. Lasciatevi guidare dagli interessi dell'altra persona e impegnatevi in una conversazione equilibrata e interattiva.

• Rimanete autentici: quando parlate di argomenti interessanti, cercate sempre di rimanere fedeli a voi stessi. Esprimete le vostre opinioni e le vostre idee con autenticità, senza timore di essere in disaccordo con il vostro interlocutore, poiché l'autenticità favorisce una conversazione più profonda e onesta

• Siate consapevoli dei segnali di disinteresse: durante la conversazione, prestate particolare attenzione ai segnali di disinteresse del vostro interlocutore. Se notate che perde interesse per l'argomento trattato, adattatevi rapidamente cambiando argomento o trovando un punto di vista diverso che potrebbe catturare maggiormente la sua attenzione. La capacità di adattarsi e mantenere l'impegno dell'altra persona è fondamentale per sviluppare una conversazione avvincente.

Applicando questi consigli, svilupperete le vostre competenze nella conversazione avvincente e sarete in grado di creare scambi memorabili e gratificanti. La chiave sta nell'ascolto attento, nell'interesse sincero per gli altri e nella capacità di trovare punti in comune che permettano di costruire legami solidi. Che si tratti di un contesto professionale, sociale o personale, padroneggiare l'arte della conversazione avvincente vi consentirà di brillare in ogni scambio e di sviluppare conversazioni coinvolgenti che lasciano un'impressione positiva sui vostri interlocutori.

b. Utilizzare aneddoti personali per rendere la conversazione vivace

L'utilizzo di aneddoti personali è un modo molto efficace per rendere una conversazione avvincente e vivace. Gli aneddoti sono racconti brevi e spesso umoristici che permettono di condividere esperienze personali, momenti significativi o lezioni apprese.

Apportano un tocco di autenticità e vicinanza, catturando l'attenzione dei vostri interlocutori. Ecco come procedere per utilizzare aneddoti personali in modo efficace:

• Scegliete aneddoti pertinenti: selezionate aneddoti che siano in relazione con l'argomento della conversazione o che possano offrire una prospettiva interessante. Le aneddoti devono integrarsi organicamente nella conversazione, essere adeguate al contesto e avere significato sia per voi che per i vostri interlocutori.

• Siate concisi e chiari: quando raccontate un aneddoto, assicuratevi di essere concisi e di mantenere la narrazione chiara. Evitate dettagli superflui e andate dritti al punto. L'obiettivo è mantenere l'attenzione dei vostri interlocutori e creare un momento coinvolgente nella conversazione.

• Utilizzate un linguaggio vivido e espressioni facciali eloquenti: per rendere il vostro aneddoto vivido, utilizzate un linguaggio descrittivo ed evocativo. Fate uso di espressioni facciali, gesti e intonazioni vocali per aggiungere emozione e dinamismo al vostro racconto, permettendo ai vostri interlocutori di immergersi meglio nella storia e di sentirsi più coinvolti nella conversazione.

• Creare un legame emotivo: le aneddoti personali sono perfette per creare un legame emotivo con i vostri interlocutori. Condividete momenti divertenti, toccanti o ispiratori che suscitino emozioni e reazioni nei vostri interlocutori. Ciò favorirà una connessione più profonda e renderà la conversazione più memorabile.

• Siate autentici e onesti: quando condividete aneddoti personali, siate autentici e onesti, evitando di mentire, abbellire o esagerare le vostre storie. Le persone apprezzano la sincerità e la verità, rinforzando la fiducia nella conversazione.

• Adattate le vostre aneddoti al vostro pubblico: infine, tenete conto del vostro pubblico e dei suoi interessi durante la selezione delle vostre aneddoti. Adattate il vostro linguaggio, il tono e le storie in base ai vostri interlocutori, poiché ciò contribuirà a mantenere l'impegno e a creare un'esperienza conversazionale più personalizzata.

Utilizzando in modo strategico aneddoti personali, renderete le vostre conversazioni molto più vivaci, interessanti e memorabili: le aneddoti vi aiuteranno a creare un legame emotivo, a mantenere l'attenzione dei vostri interlocutori e a condividere esperienze personali che arricchiscono la conversazione. Non esitate a praticare e perfezionare la vostra capacità di raccontare aneddoti, diventando presto una competenza preziosa per sviluppare una conversazione avvincente.

c. Evitare i monologhi e favorire la partecipazione dell'altra persona

Quando desideri sviluppare una conversazione avvincente, un altro punto da considerare è evitare i monologhi e promuovere la partecipazione attiva dell'altra persona. Una conversazione equilibrata implica uno scambio reciproco di idee, punti di vista ed esperienze. Di seguito troverai diversi consigli per evitare i monologhi e incoraggiare la partecipazione dell'altra persona:

• Sii in ascolto: l'ascolto attivo è una competenza chiave per mantenere una conversazione coinvolgente. Presta una sincera attenzione a ciò che dice il tuo interlocutore, mostrando empatia e rispetto. Evita di concentrarti solo sulle tue idee e opinioni, e apriti a ciò che l'altra persona desidera condividere.

• Fai domande aperte: come già discusso, le domande aperte sono un ottimo modo per incoraggiare la partecipazione dell'altra persona. Invece di fare domande chiuse che richiedono una risposta semplice, prediligi domande aperte che invitino a risposte più dettagliate e riflessioni approfondite. In questo modo, il tuo interlocutore potrà esprimersi di più e sentirsi valorizzato nella conversazione.

• Riformula le affermazioni dell'altra persona: per mostrare che sei realmente coinvolto nella conversazione, pratica la riformulazione. Ripeti brevemente le affermazioni del tuo interlocutore riformulandole con le tue parole. Ciò dimostrerà che hai ascoltato attentamente e che cerchi di comprendere più a fondo le sue idee. Inoltre, la riformulazione incoraggerà il tuo interlocutore a sviluppare ulteriormente le sue affermazioni.

• Dai spazio all'altra persona: lascia spazio al tuo interlocutore per esprimersi appieno, evitando di interromperlo o di monopolizzare la conversazione. Mostra il tuo interesse mantenendo il contatto visivo, facendo segni di approvazione e annuendo per manifestare la tua comprensione e il tuo sostegno. Incoraggia attivamente l'altra persona a condividere i suoi pensieri, le sue esperienze e le sue idee.

• Valorizza i contributi dell'altra persona: esprimi la tua gratitudine per le idee e i contributi del tuo interlocutore. Valorizza le sue prospettive, anche se differiscono dalle tue. Sii aperto a uno scambio costruttivo e rispettoso, riconoscendo che ogni persona ha la sua visione del mondo e esperienze uniche da condividere.

• Crea un ambiente sicuro e non critico: per incoraggiare la partecipazione dell'altra persona, è molto importante creare un ambiente sicuro e non critico. Evita di giudicare o criticare le opinioni del tuo interlocutore. Mostra piuttosto gentilezza e apertura mentale, favorirai così una conversazione più libera e autentica.

Per concludere, ricorda sempre che una conversazione avvincente è una conversazione in cui ciascuno ha l'opportunità di esprimersi, imparare e connettersi con l'altro. Adottando un approccio aperto, rispettoso e attento, costruirai uno spazio favorevole allo scambio di idee, alla scoperta reciproca e all'arricchimento personale. Evitare i monologhi ti permetterà di evitare l'annoiamento e l'impressione che la conversazione sia a senso unico. Incoraggiando la partecipazione dell'altra persona, dimostrerai un reale interesse per le sue idee, le sue esperienze e le sue opinioni, creando un'atmosfera di condivisione e collaborazione.

Mettendo in pratica i consigli sopra esposti, sarai in grado di evitare i monologhi e di costruire facilmente una dinamica conversazione equilibrata e avvincente, un dialogo in cui ogni persona si sente ascoltata e valorizzata. Cerca di favorire la partecipazione attiva dell'altra persona, adottando un ascolto attivo, facendo domande aperte, riformulando le sue affermazioni, lasciandole spazio di espressione, valorizzando i suoi contributi e creando un ambiente sicuro.

2. Creare un clima favorevole alla conversazione

a. L'importanza dell'apertura e della benevolenza in una conversazione

Quando cerchi di sviluppare una conversazione accattivante, è fondamentale coltivare apertura mentale e benevolenza. Queste due qualità sono essenziali per creare un clima favorevole a una comunicazione autentica ed arricchente. Vediamo perché sono così importanti:

• Favorire l'apertura mentale: l'apertura mentale è la disposizione a considerare nuove idee, prospettive e opinioni senza giudizio preconcetto. Essere aperti mentalmente mostra la volontà di ascoltare attivamente e di prendere in considerazione punti di vista diversi dai propri. Ciò crea un ambiente favorevole all'esplorazione di argomenti vari e stimolanti, consentendo così una conversazione più ricca e coinvolgente.

• Incentivare la diversità di opinioni: la benevolenza in una conversazione implica il rispetto delle opinioni e delle idee di ognuno, anche se diverse dalle proprie. Valorizzando la diversità di opinioni, si promuove uno scambio costruttivo e aperto in cui le idee possono essere discusse in modo rispettoso. Questa diversità di opinioni stimola la riflessione, genera nuove prospettive e contribuisce a una conversazione dinamica ed interessante.

• Evitare pregiudizi e stereotipi: apertura mentale e benevolenza richiedono di mettere in discussione i pregiudizi e gli stereotipi che influenzano la nostra percezione e comprensione degli altri. Dimostrando curiosità e un sincero desiderio di comprendere le esperienze e i punti di vista degli altri, si crea uno spazio di conversazione in cui i pregiudizi vengono messi da parte, consentendo una comprensione più profonda e una connessione autentica.

• Praticare l'ascolto attivo: apertura mentale e benevolenza sono strettamente legate all'ascolto attivo. Ascoltare veramente le parole del tuo interlocutore, mostrare empatia e rispetto, dimostra il tuo interesse e il tuo coinvolgimento nella conversazione. L'ascolto attivo favorisce un'atmosfera di fiducia e apertura, in cui ognuno si sente ascoltato e compreso, rafforzando così la qualità della conversazione.

• Coltivare la benevolenza: la benevolenza consiste nell'adottare un atteggiamento gentile, premuroso e rispettoso verso gli altri. Manifestare benevolenza in una conversazione genera automaticamente un clima di fiducia e comfort, in cui i partecipanti si sentono al sicuro nell'esprimere pensieri ed emozioni. La benevolenza è quindi propizia all'instaurazione di legami umani sinceri, fondamentali per sviluppare una conversazione accattivante.

In sintesi, apertura mentale e benevolenza sono pilastri fondamentali per creare un clima favorevole a una conversazione avvincente. Favoriscono la curiosità intellettuale, la comprensione reciproca e la creazione di legami autentici. Essere aperti alle diverse prospettive, incoraggiare la diversità di opinioni, evitare pregiudizi, praticare l'ascolto attivo: tutto questo favorirà naturalmente uno scambio autentico, rispettoso e stimolante. Pertanto, coltivando e combinando apertura mentale e benevolenza, sarai in grado di intraprendere conversazioni appassionanti, approfondire la tua comprensione del mondo circostante e sviluppare relazioni interpersonali significative.

Ricorda che la comunicazione efficace si basa sulla capacità di ascoltare, rispettare e prendere in considerazione le idee degli altri. Pertanto, praticando apertura mentale e benevolenza, stai seguendo la strada giusta per padroneggiare l'arte della conversazione avvincente e sviluppare scambi arricchenti in ogni circostanza.

b. Stabilire una connessione emotiva con il proprio interlocutore

Per rendere una conversazione accattivante, è essenziale stabilire una connessione emotiva con il tuo interlocutore. Quando riesci a creare un legame emotivo, susciti l'interesse, l'coinvolgimento e la partecipazione dell'altra persona nella discussione. Ecco come farlo, in modo semplice ma efficace, per stabilire questa connessione emotiva:

• Esprimi empatia: come abbiamo già detto, l'empatia è la capacità di comprendere e condividere le emozioni dell'altra persona. Quando esprimi empatia, mostri al tuo interlocutore che ti preoccupi dei suoi sentimenti e che sei pronto a comprenderli. Utilizza espressioni come "Posso immaginare che questo dev'essere stato difficile per te" o "Capisco che tu provi frustrazione di fronte a questa situazione". Questa validazione emotiva creerà un legame di comprensione e fiducia.

• Usa un linguaggio emotivo: integra parole e frasi che esprimono emozioni nella tua conversazione. Ad esempio, invece di dire "Sono contento che tu abbia avuto successo", puoi dire "Sono veramente felice per te, è un grande successo". Utilizzando un linguaggio emotivo, comunicherai il tuo sincero interesse e la tua comprensione dei sentimenti del tuo interlocutore, rafforzando così la connessione tra voi.

• Sii attento ai segnali emotivi: osserva i segnali emotivi del tuo interlocutore, come le espressioni facciali, il linguaggio corporeo e il tono della voce. Se noti che sembra triste, frustrato o felice, rifletti queste emozioni nelle tue risposte. Ad esempio, se il tuo interlocutore condivide un'esperienza difficile, puoi dire: "Deve essere davvero sconvolgente per te, posso sentire quanto ti colpisca". Questa sensibilità alle emozioni rafforzerà la connessione emotiva e dimostrerà che sei attento alla sua esperienza.

• Sii autentico: l'autenticità è cruciale per stabilire una connessione emotiva. Sii te stesso, esprimi le tue emozioni e condividi esperienze personali rilevanti quando appropriato, poiché ciò darà all'altra persona la sensazione di conoscerti autenticamente e faciliterà quindi una comunicazione più profonda e significativa.

• Crea uno spazio di fiducia: favorisci un ambiente in cui le emozioni possono essere espresse liberamente e in sicurezza. Evita di giudicare o minimizzare i sentimenti dell'altra persona e, al contrario, incoraggiala a condividere le sue emozioni creando un clima di fiducia e mancanza di giudizio. Sii receptivo e rispettoso quando vengono espressi sentimenti intensi. Stabilendo una connessione emotiva con il tuo interlocutore, creerai un'atmosfera di fiducia, apertura e autenticità nella conversazione, incoraggiando una comunicazione più profonda, significativa e accattivante. Consentirai all'altra persona di sentirsi compresa, sostenuta e valorizzata, rafforzando così la relazione e promuovendo scambi arricchenti. La creazione di una connessione emotiva crea anche un ambiente favorevole alla vulnerabilità e all'espressione sincera dei sentimenti, portando a discussioni più profonde e significative.

In conclusione, stabilire una connessione emotiva con il proprio interlocutore è un elemento chiave per creare un clima favorevole a una conversazione accattivante. Ciò permette di nutrire una relazione basata su fiducia, autenticità e comprensione reciproca. Essere attenti alle emozioni dell'altra persona e esprimere la propria empatia e autenticità favorirà una comunicazione profonda, significativa e gratificante. Sviluppare questa competenza ti aiuterà notevolmente a mantenere conversazioni accattivanti che lasciano un'impressione duratura e rafforzano le tue relazioni interpersonali.

c. Favorire un ambiente privo di giudizio per incoraggiare l'espressione libera

Come abbiamo menzionato in precedenza, quando cerchiamo di sviluppare una conversazione avvincente, è essenziale creare un ambiente privo di giudizio che favorisca l'espressione libera di ognuno, poiché un tale contesto promuove l'apertura, la fiducia e la partecipazione attiva di tutti i partecipanti. Vediamo ora diverse tecniche che funzionano per favorire un tale clima:

• Ascolto empatico: mostrate un ascolto attento e empatico verso il vostro interlocutore. Quando parla, concedetegli tutta la vostra attenzione, evitate interruzioni e giudizi affrettati. L'ascolto empatico crea uno spazio in cui ognuno si sente ascoltato, compreso e rispettato.

• Evitare i pregiudizi: siate consapevoli dei vostri pregiudizi e opinioni preconcette. Adottate un'attitudine di apertura e curiosità verso le idee e le esperienze degli altri, anche se differiscono dalle vostre. Evitate giudizi affrettati e lasciate spazio alla diversità di opinioni.

• Coltivare la tolleranza: siate pronti ad accettare le differenze e a riconoscere che ogni individuo ha la propria prospettiva. Incentivate gli scambi rispettosi e evitate critiche o attacchi personali, al fine di offrire uno spazio in cui ognuno si senta al sicuro per esprimere le proprie idee, anche se vanno contro l'opinione dominante.

• Valorizzare la diversità di opinioni: stimolate attivamente la partecipazione di tutti i partecipanti riconoscendo il valore dei loro contributi. Mostrate interesse per le diverse prospettive e incoraggiate discussioni costruttive. Ricordate che la ricchezza di una conversazione spesso risiede nelle prospettive divergenti che consentono di esplorare angolazioni diverse e arricchire la riflessione.

• Praticare la riservatezza: rispettate la riservatezza delle informazioni condivise durante la conversazione. Assicuratevi che i partecipanti si sentano al sicuro nel condividere pensieri, emozioni ed esperienze senza temere di essere giudicati o che tali informazioni vengano divulgate al di fuori del gruppo.

• Incoraggiare l'espressione emotiva: consentite ai partecipanti di esprimere le proprie emozioni in modo libero e autentico. Lasciate spazio per le reazioni emotive e ascoltatele con comprensione ed empatia. Riconoscere e rispettare le emozioni degli altri contribuisce a creare un ambiente privo di giudizio in cui ognuno può esprimersi liberamente.

Promuovendo un ambiente privo di giudizio, incoraggerete una comunicazione aperta, onesta e rispettosa. Quando i partecipanti si sentono al sicuro ed ascoltati, sono più inclini a condividere le proprie idee, esperienze ed emozioni in modo autentico, aprendo la porta a discussioni approfondite, stimolanti e arricchenti, in cui possono esplorare diverse prospettive e emergere nuove idee.

In conclusione, come avrete compreso, favorire un ambiente privo di giudizio è essenziale per creare un clima favorevole a una conversazione avvincente. Adottando un'attitudine di ascolto empatico, tolleranza e rispetto, incoraggerete la partecipazione attiva di tutti, consentendo l'espressione libera di idee ed emozioni, e costruirete relazioni interpersonali solide. Coltivando questo ambiente, potrete trasformare veramente le vostre conversazioni in esperienze arricchenti e gratificanti per tutte le persone coinvolte.

3. Utilizzare l'arte della narrazione per coinvolgere il proprio interlocutore

a. Strutturare una storia avvincente con un inizio, uno sviluppo e una conclusione

L'arte della narrazione è uno strumento estremamente potente per coinvolgere il proprio interlocutore e mantenere l'interesse lungo tutto il corso di una conversazione. Una storia ben strutturata, con un inizio, uno sviluppo e una conclusione, ha il potere di coinvolgere emotivamente l'ascoltatore e suscitare la sua curiosità. Ecco come potete creare una storia avvincente:

• L'inizio: l'inizio della vostra storia è cruciale per catturare l'attenzione del vostro interlocutore fin dai primi istanti. Iniziate con un'introduzione intrigante, un'aneddoto accattivante o una domanda stimolante. L'obiettivo è suscitare l'interesse e stimolare il desiderio del vostro interlocutore di saperne di più.

• Lo sviluppo: nella parte centrale della vostra storia, sviluppate i dettagli e gli elementi chiave che manterranno l'interesse del vostro interlocutore. Utilizzate descrizioni vivide, dialoghi realistici ed esempi concreti per rendere la storia più coinvolgente. Assicuratevi di mantenere un ritmo appropriato, alternando momenti di suspense, tensione e risoluzione.

• La conclusione: la conclusione della vostra storia è altrettanto importante dell'inizio. Assicuratevi di dare una risoluzione soddisfacente alla storia o di lasciare una domanda aperta per stimolare la riflessione. Evitate conclusioni brusche e prevedete un momento di chiusura che permetterà al vostro interlocutore di elaborare la storia e trarne insegnamenti.

• La connessione emotiva: per rendere la vostra storia ancora più avvincente, cercate di stabilire una connessione emotiva con il vostro interlocutore. Rivolgetevi alle emozioni universali come la gioia, la paura, la tristezza o l'empatia. Condividendo esperienze personali, aneddoti commoventi o momenti di vulnerabilità, favorirete una relazione basata sull'autenticità e sulla fiducia.

• L'uso degli elementi narrativi: gli elementi narrativi come i personaggi, i luoghi, i conflitti e le svolte sono risorse fondamentali per coinvolgere il vostro interlocutore. Cercate di sviluppare personaggi interessanti e realistici, descrivete luoghi suggestivi e create conflitti che attirino l'attenzione. Inserite svolte inaspettate per mantenere l'interesse e sorprendere il vostro pubblico.

• L'adattamento al vostro interlocutore: quando utilizzate l'arte della narrazione, dovete tenere conto del vostro interlocutore. Adattate il tono, il livello di dettaglio e lo stile della vostra storia in base alla sua sensibilità, ai suoi interessi e al suo livello di comprensione. Siate attenti alle reazioni del vostro interlocutore e adattate il racconto di conseguenza.

L'arte della narrazione permette di rendere le vostre idee ed esperienze più vivide e memorabili. Strutturando la vostra storia con un inizio che cattura l'attenzione, uno sviluppo che mantiene l'interesse e una conclusione soddisfacente, offrite al vostro interlocutore un'esperienza narrativa completa e coinvolgente. L'uso di elementi narrativi come personaggi, luoghi e conflitti aggiunge ricchezza alla vostra narrazione e rende la storia più coinvolgente, lasciando un'impressione duratura. Inoltre, una storia avvincente va oltre la semplice trasmissione di informazioni, creando una connessione emotiva con il vostro interlocutore. Condividendo momenti autentici, suscitando emozioni universali e creando un'atmosfera di ascolto ed empatia, invitate il vostro interlocutore a coinvolgersi emotivamente nella vostra storia.

In conclusione, strutturare una storia avvincente con un inizio, uno sviluppo e una conclusione è un elemento chiave per sviluppare una conversazione avvincente. Utilizzando elementi narrativi, stabilendo una connessione emotiva e adattando il vostro racconto al vostro interlocutore, plasmerete un'esperienza conversazionale stimolante, coinvolgente e memorabile. L'arte della narrazione vi permette di andare oltre la semplice comunicazione di informazioni e di creare un legame autentico con il vostro interlocutore. Sviluppando questa competenza, brillerete nei vostri scambi e manterrete conversazioni avvincenti in ogni circostanza.

b. Utilizzare elementi visivi e descrizioni vivide per suscitare l'interesse

In questa sezione, esploreremo l'importanza dell'uso di elementi visivi e descrizioni vivide per suscitare l'interesse del tuo interlocutore e rendere la conversazione avvincente.

Gli elementi visivi e le descrizioni vivide sono strumenti potenti per stimolare l'immaginazione del tuo interlocutore e rendere il tuo racconto più vivido e coinvolgente. Quando condividi una storia o descrivi una situazione, l'uso di dettagli visivi consente al tuo interlocutore di immaginare mentalmente ciò che stai raccontando, creando un'esperienza più coinvolgente.

Per utilizzare efficacemente gli elementi visivi, assicurati di essere descrittivo e preciso con le tue parole. Usa aggettivi suggestivi per descrivere aspetti come l'aspetto, i colori, le forme e le texture. Ad esempio, anziché dire semplicemente "Ho visto un albero", puoi dire "Ho visto un maestoso quercia con le sue foglie verdi lussureggianti che scintillavano sotto il sole del pomeriggio". Come puoi notare

Oltre agli elementi visivi, le descrizioni vivide aggiungono una dimensione sensoriale al tuo racconto. Utilizza parole che evocano i cinque sensi: la vista, l'udito, il tatto, il gusto e l'olfatto. Ad esempio, se stai condividendo un'esperienza culinaria, descrivi non solo il sapore del cibo, ma anche la consistenza, l'aroma e la sensazione in bocca. Incorporando questi elementi sensoriali, permetti al tuo interlocutore di immergersi completamente nella tua storia e di provare le sensazioni insieme a te.

Come sempre, non dimenticare di adattare le tue descrizioni in base al tuo interlocutore. Considera i suoi interessi e la sua sensibilità per scegliere i dettagli che risuoneranno di più con lui. Ad esempio, se sai che il tuo interlocutore è appassionato della natura, puoi concentrare le tue descrizioni sugli elementi naturali come paesaggi, animali o fiori.

In conclusione, l'uso di elementi visivi e descrizioni vivide è una tecnica preziosa per suscitare l'interesse del tuo interlocutore. Essere descrittivo e preciso nelle tue parole consente al tuo interlocutore di visualizzare ciò che stai raccontando e di immergersi nella tua storia. Incorporando elementi sensoriali, aggiungi una dimensione coinvolgente al tuo racconto. Adattando le tue descrizioni agli interessi e alla sensibilità del tuo interlocutore, progetti un'esperienza conversazionale ancora più avvincente e coinvolgente. In breve, padroneggiare l'arte di utilizzare elementi visivi e descrizioni vivide ti permetterà di affascinare il tuo interlocutore e di condurre conversazioni memorabili e arricchenti.

c. Praticare la modulazione vocale e le pause per aggiungere ritmo al racconto

In questa sezione, ci concentreremo sull'importanza della modulazione vocale e delle pause nel contesto di una conversazione. Infatti, il modo in cui utilizzi la tua voce e il ritmo che dai al tuo racconto influenzeranno notevolmente l'impegno e l'interesse del tuo interlocutore.

La modulazione vocale consiste nel variare l'intensità, la tonalità e il ritmo della tua voce per trasmettere emozioni e catturare l'attenzione del tuo interlocutore. Utilizzando una modulazione vocale appropriata, aggiungerai vita e dinamismo al tuo racconto. Ad esempio, puoi aumentare il volume e l'entusiasmo della tua voce durante momenti appassionanti o abbassare il tono per creare un'atmosfera più intima in un momento emotivo. La modulazione vocale consente di dare colore e profondità aggiuntivi alla tua storia, rendendola più avvincente per il tuo interlocutore.

Le pause strategiche sono anch'esse un elemento cruciale per aggiungere ritmo al tuo racconto. Inserendo pause nei momenti chiave, crei suspense e permetti al tuo interlocutore di riflettere o assorbire l'informazione che hai appena condiviso. Le pause ben posizionate permettono anche di sottolineare alcuni punti importanti e attirare ulteriormente l'attenzione del tuo interlocutore. Non avere paura di lasciare qualche istante di silenzio dopo aver condiviso un'informazione intrigante o una rivelazione nella tua storia: ciò consentirà al tuo interlocutore di percepire l'impatto delle tue parole e di anticipare il proseguimento del tuo racconto.

Per praticare la modulazione vocale e le pause, è necessario prendere consapevolezza della propria voce e del proprio ritmo naturale. Prova a registrarti mentre racconti una storia e ascolta attentamente la tua voce, identificando i momenti in cui puoi apportare variazioni. Puoi anche esercitarti utilizzando frasi brevi ed espressioni emotive per amplificare l'impatto del tuo racconto. Familiarizzando con le diverse modalità di modulare la tua voce e padroneggiando l'arte delle pause, sarai in grado di creare un ritmo avvincente che manterrà l'attenzione del tuo interlocutore per tutta la conversazione.

In sintesi, la modulazione vocale e le pause sono tecniche essenziali per aggiungere ritmo al tuo racconto e catturare l'attenzione del tuo interlocutore durante una conversazione. Utilizzando una modulazione vocale appropriata, trasmetterai emozioni, darai vita alla tua storia e manterrai l'interesse del tuo interlocutore. Le pause strategiche creano suspense, sottolineano i momenti importanti e consentono al tuo interlocutore di riflettere e assimilare l'informazione. Praticando la modulazione vocale e le pause, svilupperai uno stile narrativo appassionante e parteciperai a conversazioni memorabili e coinvolgenti.

Parte III

Acquisire i segreti della replica incisiva

1. La padronanza di sé e la gestione delle emozioni

a. Imparare a riconoscere e controllare le proprie emozioni durante una conversazione

Affrontiamo ora l'importanza di imparare a riconoscere e controllare le proprie emozioni durante una conversazione. La padronanza di sé e la gestione delle emozioni svolgono un ruolo fondamentale nella nostra capacità di avere una risposta incisiva e di brillare durante gli scambi.

Riconoscere le proprie emozioni è il primo passo verso una gestione efficace e devi essere consapevole delle tue reazioni emotive durante una conversazione. Ciò implica prestare attenzione alle tue sensazioni fisiche, ai tuoi pensieri e alle tue reazioni emotive. Ad esempio, se provi rabbia o frustrazione, potresti notare un aumento del battito cardiaco, tensioni muscolari o pensieri negativi. Renderti conto di questi segnali interni ti aiuterà a riconoscere e identificare le tue emozioni.

Una volta identificate le tue emozioni, è importante controllarle in modo appropriato. Ciò significa non lasciare che le emozioni prendano il controllo della conversazione, poiché quando sei sopraffatto da emozioni negative come rabbia o frustrazione, ciò danneggia la tua capacità di ascoltare e reagire in modo costruttivo. La chiave è trovare tecniche di regolazione emotiva che funzionino per te, come la respirazione profonda, la visualizzazione positiva o la ricerca di soluzioni alternative. Prenditi il tempo per calmarti e recentrare la tua attenzione prima di proseguire nella conversazione.

Tuttavia, la gestione delle emozioni non significa che devi reprimerle o ignorarle. Al contrario, si tratta di riconoscere ed esprimere le tue emozioni in modo costruttivo. Ciò ti consentirà di adottare un approccio più riflessivo e razionale durante le tue conversazioni, piuttosto che essere governato da reazioni impulsive. Se provi tristezza, delusione o frustrazione, sarà utile esprimere queste emozioni in modo calmo e rispettoso, utilizzando frasi come "Mi sento davvero deluso da questa situazione" o "Sono frustrato da ciò che hai appena detto". L'espressione emotiva autentica favorisce una migliore comprensione e una risoluzione costruttiva dei problemi.

Oltre alla gestione delle tue emozioni, cerca di essere attento alle emozioni del tuo interlocutore. Sii sensibile ai suoi segnali emotivi, come il linguaggio del corpo, le espressioni facciali e il tono di voce. Ciò ti consentirà di reagire in modo appropriato ed empatico. Se noti che il tuo interlocutore sembra contrariato o frustrato, puoi chiedergli come si sente e offrirgli uno spazio per esprimere le sue emozioni.

Un'altra strategia efficace per controllare le tue emozioni durante una conversazione è praticare la comunicazione assertiva. L'assertività ti consente di esprimere le tue opinioni e i tuoi sentimenti in modo chiaro e rispettoso, senza aggressività né passività. Utilizzando frasi come "Sento che..." o "Ho notato che...", puoi esprimere il tuo punto di vista mantenendo un tono calmo e aperto. Ciò aiuta a evitare reazioni emotive eccessive e promuove uno scambio equilibrato e rispettoso.

È importante anche sviluppare competenze di ascolto attivo durante una conversazione. Quando sei veramente attento al tuo interlocutore, sei meno incline a lasciare che le tue emozioni prendano il sopravvento. Pratica l'ascolto attivo mostrando empatia, ponendo domande pertinenti e riformulando le parole del tuo interlocutore per assicurarti di aver compreso bene il suo punto di vista. Ciò dimostra il tuo impegno a capire l'altra persona e contribuisce a mantenere un clima conversazionale positivo.

In conclusione, imparare a riconoscere e controllare le proprie emozioni durante una conversazione è fondamentale per sviluppare una risposta incisiva. La padronanza di sé e la gestione delle emozioni consentono di adottare un approccio riflessivo e razionale, di praticare la comunicazione assertiva e di favorire un ascolto attivo. Rendendoti conto delle tue emozioni, controllandole in modo appropriato e prestare attenzione alle emozioni del tuo interlocutore, sarai in grado di comunicare in modo più efficace e gestire situazioni difficili con tatto. La padronanza di sé e la gestione delle emozioni sono competenze chiave per brillare e promuovere scambi costruttivi in ogni circostanza.

b. Utilizzare tecniche di rilassamento e respirazione per rimanere calmi e concentrati

Quando siamo coinvolti in una conversazione importante o appassionata, è naturale che le nostre emozioni si intensifichino. Tuttavia, è essenziale rimanere calmi e concentrati per mantenere una risposta incisiva e costruttiva. È qui che l'uso di tecniche di rilassamento e respirazione si rivela estremamente utile.

La respirazione profonda è una delle tecniche di rilassamento più semplici e efficaci per ridurre lo stress e favorire uno stato di calma interiore. Quando ti senti sopraffatto da emozioni intense durante una conversazione, prenditi qualche istante per concentrarti sulla tua respirazione: inspira profondamente dal naso gonfiando l'addome, poi espira lentamente dalla bocca. Ripeti questo processo più volte, concentrandoti sulle sensazioni della tua respirazione, per aiutarti a rilassarti e ritrovare il tuo equilibrio emotivo.

Un'altra tecnica di rilassamento efficace è la rilassamento muscolare progressivo. Si tratta di un esercizio in cui contrai e rilassi progressivamente diversi gruppi muscolari del tuo corpo per alleviare le tensioni accumulate. Inizia dai muscoli del viso, quindi procedi verso le spalle, le braccia, l'addome, le gambe, ecc. Questa pratica ti aiuterà a rilassare il tuo corpo e la tua mente, facilitando il mantenimento di uno stato di calma durante la conversazione.

La visualizzazione è un'altra tecnica potente per rimanere calmi e concentrati. Prima di una conversazione importante, prenditi qualche istante per visualizzare uno scenario positivo e di successo. Immaginati comunicare con sicurezza, rispondere in modo riflessivo ed instaurare una connessione armoniosa con il tuo interlocutore. Questa tecnica ti aiuterà a coltivare uno stato d'animo positivo e fiducioso, con il quale gestirai meglio le tue emozioni e rimarrai concentrato sugli obiettivi della comunicazione.

Infine, l'uso di tecniche di rilassamento come la

meditazione, lo yoga o la pratica di hobby rilassanti contribuisce anche a potenziare la tua capacità di controllare le emozioni durante una conversazione. Queste attività favoriscono il rilassamento, la chiarezza mentale e l'equilibrio emotivo, consentendoti di affrontare le conversazioni con una maggiore presenza mentale e una migliore capacità di gestire situazioni delicate.

Come puoi vedere, l'utilizzo di tecniche di rilassamento e respirazione è uno strumento prezioso per rimanere calmi e concentrati durante una conversazione. La respirazione profonda, la rilassamento muscolare progressivo, la visualizzazione e altre pratiche di rilassamento ti aiuteranno a gestire le tue emozioni, ridurre lo stress e mantenere uno stato d'animo favorevole a una risposta incisiva. Integrandole nella tua routine quotidiana, rafforzerai notevolmente la tua capacità di mantenere l'equilibrio emotivo, interagire in modo costruttivo e brillare nei tuoi scambi.

c. Trasformare le emozioni negative in energia positiva per alimentare la propria prontezza di risposta

Quando ci troviamo di fronte a emozioni negative durante una conversazione, una strategia efficace è quella di trasformarle in energia positiva per alimentare la nostra prontezza di risposta. Invece di lasciare che queste emozioni ci sommergano e danneggino la nostra capacità di comunicare, possiamo usarle in modo costruttivo e indirizzarle verso risposte efficaci e riflessive.

La prima fase per trasformare le emozioni negative in energia positiva è prendere consapevolezza di tali emozioni e riconoscerle. È normale provare emozioni come rabbia, frustrazione o delusione durante una conversazione, ma è altrettanto importante non lasciarle prendere il sopravvento. Concediti un momento per identificare queste emozioni e capire cosa le ha scatenate: questa consapevolezza ti aiuterà a gestirle in modo più efficace.

Una volta identificate le emozioni negative, cerca di trasformarle in energia positiva. Ad esempio, se provi rabbia, usa questa energia per rafforzare la tua determinazione nell'esprimere il tuo punto di vista in modo chiaro e assertivo, senza diventare aggressivo. Utilizza la frustrazione come motore per cercare soluzioni e compromessi costruttivi.

Un'altra approccio consiste nella pratica dell'autosuggestione positiva. Ripeti a te stesso affermazioni positive per cambiare il tuo stato emotivo. Ad esempio, dì a te stesso: "Sono calmo, sicuro di me e capace di rispondere in modo efficace" o "Sono aperto mentalmente e pronto a comprendere prospettive diverse". Queste affermazioni positive ti aiuteranno a rafforzare la tua autostima e ad affrontare la conversazione con un atteggiamento positivo e costruttivo.

L'utilizzo di tecniche di gestione dello stress si rivela altamente benefico per trasformare le emozioni negative in energia positiva. Pratica esercizi di rilassamento, come la respirazione profonda o la meditazione, per aiutarti a calmarti e a recentrarti. Trova modi sani per liberare la tensione, come fare esercizio fisico o scrivere in un diario, per liberare le emozioni negative e promuovere un atteggiamento più positivo.

Infine, coltiva un'attitudine di gratitudine e benevolenza verso te stesso e gli altri: riconosci i tuoi punti di forza e le tue qualità, sii grato per le opportunità di apprendimento e crescita offerte dalle conversazioni, e adotta un approccio empatico verso il tuo interlocutore, cercando di comprendere le sue emozioni e motivazioni, facilitando così una comunicazione più armoniosa e costruttiva.

In conclusione, è possibile trasformare le emozioni negative in energia positiva per alimentare la propria prontezza di risposta. Prendendo consapevolezza delle proprie emozioni, riconoscendole e canalizzandole in modo costruttivo, è possibile utilizzare questa energia per esprimere le proprie idee in modo efficace e riflessivo. Tecniche come l'autosuggestione positiva, la gestione dello stress e l'atteggiamento di gratitudine aiutano a coltivare una prontezza di risposta affascinante e incisiva.

Sviluppando la capacità di trasformare le emozioni negative in energia positiva, manterrai la tua calma e concentrazione durante una conversazione, indipendentemente dalle circostanze.

2. Il pensiero rapido e la formulazione precisa

a. Allenare la mente a pensare rapidamente attraverso l'esercizio della riflessione veloce

Nel contesto dello sviluppo della tua prontezza di risposta, è fondamentale allenare la tua mente a pensare rapidamente e a formulare risposte precise in brevi periodi di tempo. Questa capacità di riflettere velocemente ti consentirà di rimanere reattivo e di fornire risposte pertinenti durante conversazioni dinamiche. Ecco una lista di tecniche ed esercizi efficaci per migliorare il tuo pensiero rapido:

• Gioca a giochi di riflessione: giochi come enigmi, puzzle, giochi di parole e giochi di logica sono eccellenti modi per stimolare la tua mente e migliorare il pensiero rapido. Dedica regolarmente del tempo a queste attività per allenare il tuo cervello a trovare soluzioni rapide e creative.

• Pratica la pensata laterale: la pensata laterale è un approccio alla risoluzione dei problemi che incoraggia a pensare in modo non convenzionale e a trovare soluzioni originali. Esercitati con esercizi di pensata laterale ponendoti domande come "In quali altri modi posso risolvere questo problema?" o "Come posso affrontare questa situazione in modo diverso?". Questo ti aiuterà a sviluppare la capacità di generare rapidamente idee nuove e innovative.

• Esercitati con risposte veloci: preparati a situazioni di conversazione praticando risposte rapide a domande comuni o a scenari specifici. Esercitati a formulare risposte concise e chiare tenendo presente l'obiettivo della conversazione. Puoi anche simulare situazioni di dibattito o discussione per abituarti a pensare rapidamente ed esprimere le tue idee in modo sintetico.

• Migliora la tua cultura generale: avere una solida

base di conoscenze generali ti consentirà di reagire rapidamente ed efficacemente durante conversazioni variegate. Leggi libri, segui le notizie, ascolta podcast e partecipa a discussioni su argomenti diversificati per ampliare il tuo campo di conoscenze. Avrai così a portata di mano riferimenti vari e informazioni pertinenti durante le conversazioni.

• Pratica il pensiero in tempo limitato: stabilisci limiti di tempo rigorosi per alcune attività di riflessione, come la risoluzione di un problema o la formulazione di un'idea. Questa pratica ti allenerà a pensare rapidamente e a dare priorità alle informazioni essenziali. Puoi anche provare tecniche di pensiero rapido come la mappa mentale per organizzare le tue idee in modo efficace e recuperarle rapidamente quando ne hai bisogno.

In conclusione, il pensiero rapido è una competenza essenziale per sviluppare una prontezza di risposta incisiva. Allenandoti regolarmente con esercizi di riflessione rapida, stimolando la tua mente a pensare in modo creativo e migliorando la tua cultura generale, rafforzerai la tua capacità di pensare rapidamente e sarai in grado di formulare risposte precise e pertinenti.

Questa agilità mentale ti permetterà di brillare nelle conversazioni, cogliere le opportunità di interagire in modo incisivo e mantenere un dialogo avvincente con i tuoi interlocutori.

b. Sviluppare la capacità di trovare risposte pertinenti e precise in breve tempo

Quando cerchiamo di migliorare la nostra prontezza di risposta, è essenziale sviluppare la capacità di trovare risposte pertinenti e precise in un breve lasso di tempo. Questa competenza ci consente di cogliere rapidamente le opportunità di contribuire ed esporre le nostre idee in modo efficace. Ci sono diverse strategie per sviluppare questa capacità:

• Preparazione e conoscenza: la preparazione preventiva è una delle chiavi per essere pronti a rispondere rapidamente e con precisione. Informatevi sui temi che vi interessano e che sono rilevanti per le vostre conversazioni abituali. Tenete a mente i fatti salienti, le statistiche chiave e gli esempi pertinenti. Più avrete conoscenze e informazioni a portata di mano, più sarà facile trovare risposte precise rapidamente.

• Pratica dell'improvvisazione: l'improvvisazione è un ottimo modo per sviluppare la capacità di trovare risposte pertinenti e precise in un breve lasso di tempo. Esercitatevi a improvvisare risposte su argomenti vari utilizzando esercizi di gioco di ruolo o partecipando a sessioni di public speaking. Ciò vi aiuterà a pensare rapidamente, a strutturare le vostre idee e ad esprimere i vostri pensieri in modo chiaro e conciso.

• Ascolto attivo e riflessione rapida: durante una conversazione, fate attenzione ai punti sollevati dagli altri partecipanti. Ascoltate attivamente le loro idee e i loro argomenti, e utilizzate queste informazioni per formulare rapidamente risposte pertinenti. La riflessione rapida vi permetterà di cogliere i punti chiave e di trovare risposte precise senza perdere tempo.

• Uso di tecniche mnemoniche: le tecniche mnemoniche vi aiuteranno a ricordare e recuperare rapidamente informazioni pertinenti. Ad esempio, utilizzate acronimi, immagini mentali o associazioni per ricordarvi di determinati dati importanti. Ciò vi consentirà di accedere rapidamente alle informazioni necessarie per formulare risposte precise.

• Allenamento alla presa di decisioni veloce: spesso è necessaria una presa di decisione rapida durante le conversazioni. Esercitatevi con esercizi di presa di decisione veloce per sviluppare la capacità di valutare rapidamente le opzioni e scegliere la migliore risposta possibile. Questo vi aiuterà a reagire prontamente e a fornire risposte pertinenti in un tempo limitato.

Sviluppando la vostra capacità di trovare risposte pertinenti e precise in breve tempo, potrete partecipare attivamente alle conversazioni, avere un impatto positivo ed esprimere le vostre idee in modo incisivo. Ricordate di rimanere calmi e concentrati, di utilizzare le vostre conoscenze pregresse e di esercitarvi regolarmente per rafforzare questa importante competenza.

c. Utilizzare tecniche di brainstorming spontaneo per generare idee e argomenti rapidamente

Quando cerchiamo di migliorare la nostra pensata veloce e la formulazione precisa, è decisivo poter generare idee e argomenti rapidamente. Il brainstorming spontaneo è una tecnica efficace che ci consente di stimolare la creatività e trovare rapidamente risposte incisive. Ecco come utilizzarlo nelle vostre conversazioni:

• Liberate la vostra mente: prima di iniziare una sessione di brainstorming spontaneo, prendetevi qualche istante per liberare la vostra mente da ogni distrazione. Eliminate i pensieri parassiti e concentratevi sull'argomento o la domanda da discutere, lasciando che la vostra mente vaghi liberamente e sia aperta a tutte le idee che sorgono.

• Favorire la quantità prima della qualità: in un brainstorming spontaneo, l'obiettivo principale è generare il massimo delle idee, anche se sembrano strampalate o irrealizzabili a prima vista. Non giudicate le vostre idee e non filtratele immediatamente. Lasciate che la vostra mente esplori tutte le possibilità e annotare tutte le idee che vi vengono in mente, per quanto strane o audaci possano sembrare.

• Utilizzare tecniche di brainstorming: esistono diverse tecniche di brainstorming che possono aiutarvi a stimolare la vostra creatività e a generare rapidamente idee. Ad esempio, la tecnica del brainwriting consiste nel scrivere le vostre idee su carte o post-it, poi scambiarle e svilupparle con gli altri partecipanti. La tecnica dell'associazione libera consiste nel creare collegamenti tra parole o concetti apparentemente distanti per generare nuove idee.

• Utilizzare strumenti visivi: strumenti visivi come mappe mentali o diagrammi possono facilitare il processo di brainstorming spontaneo. Organizzate le vostre idee in modo visuale raggruppandole per temi o creando connessioni tra di loro. Ciò vi consentirà di visualizzare rapidamente prospettive diverse ed esplorare nuove idee.

• Rimanere nel momento presente: durante un

brainstorming spontaneo, rimanete concentrati sull'argomento da discutere e evitate di lasciarvi distrarre da altri pensieri o preoccupazioni. Siate aperti allo scambio di idee con gli altri partecipanti e utilizzate queste interazioni per arricchire il vostro pensiero e affinare i vostri argomenti.

Utilizzando tecniche di brainstorming spontaneo, genererete rapidamente idee e argomenti incisivi. Questo approccio vi permetterà di esplorare diverse prospettive, ampliare il vostro pensiero e formulare risposte precise e convincenti. Non abbiate paura di esplorare idee audaci e di uscire dagli schemi, perché spesso è lì che si trovano le idee più innovative e incisive.

3. L'umorismo e l'ironia: strumenti potenti per la replica

a. Comprendere i diversi tipi di umorismo e il loro uso appropriato nella conversazione

L'umorismo è uno strumento potente che può non solo distendere l'atmosfera di una conversazione, ma anche rafforzare la nostra replicav e la nostra capacità di comunicare in modo efficace. Tuttavia, è essenziale comprendere i diversi tipi di umorismo e saperli utilizzare in modo appropriato in una conversazione. Esaminiamo quindi i diversi tipi di umorismo comuni e come usarli:

• Umorismo leggero: l'umorismo leggero viene spesso utilizzato per distendere l'atmosfera e creare un'atmosfera amichevole. Si basa su giochi di parole, battute leggere o osservazioni divertenti. Questo tipo di umorismo è generalmente senza malizia e può essere usato per rompere il ghiaccio o introdurre un argomento in modo leggero.

• Umorismo ironico: l'umorismo ironico consiste nel dire il contrario di ciò che si pensa veramente, allo scopo di creare un effetto comico. Può essere usato per esprimere un disaccordo in modo sottile o per sottolineare l'assurdità di una situazione. Tuttavia, è necessario fare attenzione, poiché l'ironia può talvolta essere fraintesa o percepire come presa in giro.

• Umorismo auto-deprecante: l'umorismo auto-deprecante consiste nel prendersi in giro in modo leggero e divertente. Può aiutare a distendere le tensioni e a creare complicità con il proprio interlocutore. Tuttavia, è importante non esagerare e assicurarsi che ciò non diventi un modo per sminuire la propria persona.

• Umorismo sarcastico: l'umorismo sarcastico si basa sull'uso di osservazioni taglienti e beffarde. Sarà efficace per sottolineare le contraddizioni o le assurdità, ma può anche essere percepito come offensivo o sprezzante. È quindi cruciale usarlo con attenzione e conoscere bene il proprio interlocutore per evitare malintesi.

• Umorismo osservativo: l'umorismo osservativo consiste nel trovare l'umorismo in situazioni o comportamenti quotidiani. Si basa sull'osservazione attenta e sull'uso di dettagli comici per creare una risposta incisiva. È una forma di umorismo che richiede una buona percezione dell'ambiente circostante e la capacità di individuare elementi divertenti.

Tuttavia, quando si utilizza l'umorismo in una conversazione, è importante tenere conto del contesto, del tono e del pubblico. Ciò che può essere divertente per una persona potrebbe non esserlo per un'altra. Pertanto, fate sempre attenzione a rispettare i limiti e le sensibilità di ciascuno. L'umorismo è un eccellente strumento di replica, ma deve sempre essere usato con gentilezza e con l'obiettivo di creare un'atmosfera piacevole.

In sintesi, l'umorismo è una competenza preziosa per migliorare la vostra replica. Comprendendo i diversi tipi di umorismo e utilizzandoli in modo appropriato, arricchirete la vostra comunicazione e creerete legami più forti con i vostri interlocutori. L'umorismo leggero distenderà l'atmosfera, l'umorismo ironico sottolineerà l'assurdità di una situazione, l'umorismo auto-deprecante creerà complicità, l'umorismo sarcastico supporterà le contraddizioni e l'umorismo osservativo troverà l'umorismo nella vita quotidiana. Tuttavia, è cruciale conoscere il proprio pubblico, essere consapevoli delle sensibilità di ognuno e utilizzare l'umorismo con gentilezza.

Integrando l'umorismo nella vostra replica, renderete le vostre conversazioni più piacevoli, accattivanti e memorabili. L'umorismo vi aiuterà a distendere l'atmosfera, a creare legami con i vostri interlocutori e a favorire una comunicazione positiva. Tuttavia, è importante rimanere attenti alle reazioni del vostro interlocutore e adattare il vostro umorismo di conseguenza, poiché un uso inappropriato dell'umorismo danneggerà il rapporto e l'efficacia della comunicazione. La chiave è saper dosare l'umorismo, praticarlo con gentilezza e considerare sempre il contesto e le sensibilità del vostro interlocutore.

Non esitate a condire le vostre conversazioni con un pizzico di umorismo, per godere dei numerosi vantaggi che porta!

b. Utilizzare l'umorismo per smorzare le tensioni e creare un'atmosfera rilassata

L'umorismo si rivela uno strumento potente per smorzare le tensioni e creare un'atmosfera rilassata durante una conversazione. Funziona come un meccanismo di difesa in situazioni conflittuali, consentendo di distendere l'atmosfera e ridurre le tensioni emotive. Quando le discussioni diventano tese o vengono affrontati argomenti delicati, un umorismo ben dosato aiuta a rompere il ghiaccio, a deviare l'attenzione dai problemi e a promuovere una migliore comprensione reciproca.

L'umorismo, se usato in modo appropriato, può anche aiutare ad affrontare argomenti sensibili in modo più leggero, creando una distanza emotiva che consente alle persone coinvolte di prendere le distanze e affrontare la situazione in modo più oggettivo. Questo contribuirà ad evitare confronti diretti e a favorire un dialogo costruttivo. Ad esempio, utilizzando l'auto-derisione o l'ironia in modo leggero, si dimostra la capacità di prendere le cose con leggerezza, incoraggiando gli altri a fare lo stesso.

L'umorismo può anche essere utilizzato per incoraggiare la partecipazione e l'coinvolgimento di tutti i partecipanti alla conversazione. Creando un'atmosfera rilassata e piacevole, l'umorismo favorisce un clima di fiducia e amicizia, incoraggiando le persone presenti a esprimersi liberamente e partecipare attivamente agli scambi. Introducendo tocchi di umorismo in modo appropriato, si crea uno spazio favorevole allo scambio di idee, alla creatività e all'innovazione.

Tuttavia, è importante sottolineare nuovamente che l'umorismo deve essere usato con discernimento e tatto. Bisogna conoscere il proprio pubblico e assicurarsi che l'umorismo utilizzato non sia offensivo, discriminatorio o lesivo. Ognuno ha i propri limiti e sensibilità, quindi è essenziale rispettare le opinioni e i valori degli altri quando si fa uso di umorismo. L'obiettivo è creare un'atmosfera rilassata e favorire una comunicazione positiva, senza ledere la dignità o il rispetto delle persone presenti.

In conclusione, l'utilizzo dell'umorismo è uno strumento potente per smorzare le tensioni e creare un'atmosfera rilassata durante una conversazione. Assicurandosi di utilizzare l'umorismo in modo appropriato, rispettoso e benevolo, si incoraggerà la partecipazione, si favorirà la comprensione reciproca e si rafforzeranno i legami tra gli interlocutori. L'umorismo, quando usato con saggezza, contribuisce notevolmente a una replica incisiva e a una comunicazione efficace.

c. Dominare l'arte dell'ironia per esprimere opinioni sottili e incisive senza risultare offensivi

Per padroneggiare l'arte dell'ironia per esprimere opinioni sottili e incisive senza essere offensivi, occorre spesso affiancarla all'umorismo, talvolta percepito come una delle sue forme. L'ironia è un potente strumento di replica che consente di esprimere opinioni sottili e incisive mantenendo al contempo una certa leggerezza nella conversazione. In termini semplici, consiste nel dire il contrario di ciò che si pensa realmente, ma in modo evidente in modo che l'interlocutore comprenda il doppio senso e il messaggio sottostante. L'ironia può essere utilizzata per sottolineare l'assurdità di una situazione, mettere in luce le contraddizioni o semplicemente aggiungere un tocco di umorismo sottile.

Uno dei vantaggi dell'ironia è che consente di esprimere opinioni decise senza risultare offensivi. Utilizzando l'ironia, è possibile affrontare argomenti sensibili in modo indiretto, riducendo il rischio di provocare reazioni negative o di ferire le persone coinvolte. L'ironia permette di esprimere una critica evitando la confrontazione diretta, agevolando la comunicazione e promuovendo una ricezione più aperta del messaggio.

Per padroneggiare l'arte dell'ironia, come spesso

accade, è necessario comprendere il contesto e conoscere il proprio pubblico. È essenziale sapere quando utilizzare l'ironia in modo appropriato, evitando argomenti delicati o situazioni in cui l'ironia potrebbe essere fraintesa. È altresì fondamentale ricordare che l'ironia deve rimanere sottile e leggera, senza essere sprezzante o cattiva. L'obiettivo è portare un tocco di spirito e umorismo alla conversazione, senza cercare di offendere o denigrare gli altri.

Quando si fa uso di ironia, è necessario osservare le reazioni dell'interlocutore e essere pronti a spiegare il doppio senso se necessario, poiché alcune persone potrebbero non cogliere l'ironia o interpretarla in modo diverso, richiedendo quindi attenzione e adattamento. In generale, l'ironia funziona meglio quando gli interlocutori condividono una certa complicità e comprensione reciproca.

Infine, è importante sottolineare che l'ironia non dovrebbe essere utilizzata in modo eccessivo o sistematico. Deve essere dosata con parsimonia per conservare il suo effetto incisivo. L'obiettivo è dimostrare spirito e sottigliezza, non saturare la conversazione con osservazioni ironiche che potrebbero stancare o infastidire gli interlocutori.

Padroneggiare l'arte dell'ironia è uno strumento prezioso per esprimere opinioni sottili e incisive senza risultare offensivi. L'ironia consente di affrontare argomenti delicati con leggerezza e umorismo, contribuendo nel contempo a mantenere una comunicazione aperta e rispettosa. Utilizzandola in modo appropriato e prestando attenzione alle reazioni dell'interlocutore, è possibile aggiungere facilmente una dimensione sottile alla propria replica e arricchire gli scambi in una conversazione.

Parte IV

Eccellere in ogni scambio

1. Adattarsi ai diversi tipi di personalità

a. Riconoscere le diverse personalità e i loro stili di comunicazione preferiti

Nelle nostre interazioni quotidiane, ci troviamo di fronte a una varietà di personalità, ognuna con il proprio stile di comunicazione preferito. Riconoscere queste diverse personalità e adattarsi ad esse è fondamentale per brillare in ogni scambio e favorire una comunicazione armoniosa. Esaminiamo quindi le personalità più comuni e i loro stili di comunicazione preferiti:

• Persone assertive: gli individui assertivi sono diretti, fiduciosi e orientati all'azione. Il loro stile di comunicazione è spesso diretto, espressivo e incentrato sui risultati. Apprezzano conversazioni dirette, senza giri di parole, e sono motivati da soluzioni e risultati concreti. Quando interagisci con persone assertive, sii conciso, chiaro e pronto a impegnarti in discussioni orientate all'azione.

• Persone analitiche: le persone analitiche sono orientate ai dettagli, ai fatti e ai numeri. Amano prendersi il tempo per esaminare le informazioni prima di prendere decisioni. Il loro stile di comunicazione privilegia la logica, la precisione e la presentazione di argomenti solidi. Quando comunicate con persone analitiche, cerca di fornire dati fattuali, presentare argomenti razionali e essere pronto a rispondere alle loro domande e preoccupazioni.

• Persone espressive: gli individui espressivi sono calorosi, entusiasti ed espressivi. Amano condividere emozioni, idee ed esperienze. Il loro stile di comunicazione è caratterizzato da un'espressione verbale e non verbale intensa, l'uso di metafore e storie, e una comunicazione emotiva. Quando interagisci con persone espressive, mostra interesse per le loro idee e manifesta empatia. Una comunicazione visiva e dinamica sarà spesso apprezzata.

• Persone riflessive: le persone riflessive sono calme, introverse e preferiscono prendersi il tempo per riflettere prima di esprimersi. Apprezzano discussioni ponderate e profonde, e preferiscono un ritmo più lento negli scambi. Il loro stile di comunicazione comporta spesso momenti di silenzio e riflessione, oltre a espressioni più misurate. Se comunichi con persone riflessive, lascia loro sufficiente tempo per esprimere le loro idee e adotta un tono calmo e rispettoso.

Come puoi capire, è essenziale riconoscere questi diversi stili di comunicazione e adattarsi di conseguenza. L'adattamento consiste nell'aggiustare il nostro linguaggio, il nostro tono e il nostro ritmo di parola per creare una connessione più forte con il nostro interlocutore. Ciò implica l'adozione di un linguaggio più diretto e assertivo con una persona assertiva, la fornitura di informazioni dettagliate e factuali a una persona analitica, l'espressione di empatia e la condivisione di emozioni con una persona espressiva, o prendersi il tempo per ascoltare attentamente e rispondere in modo riflessivo a una persona riflessiva.

Adattando il tuo stile di comunicazione alle diverse personalità, dimostrerai la tua capacità di comprendere e rispettare le preferenze dei tuoi interlocutori, facilitando una migliore comprensione reciproca e agevolando l'instaurarsi di relazioni positive. Tuttavia, ricorda che il riconoscimento delle diverse personalità non significa che tu debba cambiare la tua personalità o rinunciare alla tua autenticità. Si tratta piuttosto di regolare il tuo approccio per connetterti meglio con gli altri e creare un ambiente di comunicazione più armonioso.

Per riconoscere le diverse personalità e i loro stili di comunicazione preferiti, presta attenzione ai segnali non verbali, alle scelte di parole, alle preferenze di comunicazione e alle reazioni emotive dei tuoi interlocutori. Più sviluppi il tuo senso dell'osservazione e la tua capacità di adattamento, più sarai in grado di comunicare efficacemente con personalità diverse.

In conclusione, la capacità di riconoscere le diverse personalità e di adattarsi ai loro stili di comunicazione è essenziale per brillare in ogni scambio. Regolando il tuo linguaggio, il tuo tono e il tuo approccio, favorirai una comunicazione più efficace, una migliore comprensione reciproca e relazioni positive. Coltivando questa competenza, massimizzerai facilmente il tuo impatto nelle tue interazioni quotidiane e raggiungerai livelli più elevati di successo personale e professionale.

b. Adattare il proprio linguaggio e il modo di esprimersi per interagire meglio con ogni tipo di personalità

Come appena menzionato, l'adattamento del nostro linguaggio e del nostro modo di esprimerci è un elemento chiave per interagire meglio con ogni tipo di personalità. Comprendendo le preferenze di comunicazione dei nostri interlocutori, possiamo regolare il nostro stile verbale e non verbale per stabilire una connessione più forte e favorire una comunicazione più efficace. Ecco come procedere:

• Personalità dominante: le persone dominanti sono spesso assertive, orientate all'azione e concentrate sui risultati. Per interagire efficacemente con loro, adotta un linguaggio diretto, conciso e orientato alle soluzioni. Evita divagazioni o dettagli eccessivi, poiché questo potrebbe frustrarle. Mostra fiducia nella tua comunicazione e sii pronto a difendere le tue idee.

• Personalità influente: le persone influenti sono socievoli, entusiaste e amano essere al centro dell'attenzione. Per interagire con loro, utilizza un linguaggio positivo ed energico. Sii aperto alla conversazione informale e incoraggia la loro espressione emotiva. Usa aneddoti, esempi vividi e storie per catturare il loro interesse e mantenerne l'impegno.

• Personalità stabile: le persone stabili sono generalmente calme, pazienti ed empatici. Apprezzano relazioni armoniose e evitano i conflitti. Quando interagisci con loro, utilizza un linguaggio gentile, rassicurante e attento. Dimostra rispetto e considerazione per le loro emozioni, evita discorsi diretti e privilegia un approccio morbido e amichevole.

• Personalità analitica: le persone analitiche sono logiche, precise e orientate ai dettagli. Per interagire con loro, utilizza un linguaggio preciso, basato sui fatti e sulle prove. Evita generalizzazioni o affermazioni non fondate e sii pronto a fornire informazioni dettagliate e rispondere alle loro domande. Adotta un tono calmo e razionale.

Adattando il tuo linguaggio e il tuo modo di esprimerti a ogni tipo di personalità, creerai un ambiente di comunicazione più favorevole alla comprensione reciproca e alla collaborazione. Dimostrerai rispetto e considerazione per gli altri, riconoscendo e valorizzando le loro preferenze di comunicazione. Ciò evidenzierà anche la tua flessibilità e la capacità di adattarti ai diversi stili di personalità, rafforzando la tua agilità relazionale e la tua influenza nelle interazioni sociali e professionali.

Per mettere concretamente in pratica questa capacità di adattamento, dovrai sviluppare la tua intelligenza emotiva e la tua capacità di osservazione. Osservando attentamente gli indizi verbali e non verbali dei tuoi interlocutori, come il tono della voce, i gesti e il linguaggio corporeo, sarai in grado di regolare il tuo linguaggio e il tuo comportamento di conseguenza. La flessibilità è la chiave per stabilire una connessione autentica e armoniosa con gli altri.

Ricorda che l'adattamento del tuo linguaggio non implica che tu debba abbandonare il tuo stile di comunicazione. Si tratta piuttosto di regolare il tuo approccio per connetterti meglio con gli altri e facilitare una comunicazione armoniosa.

Inoltre, tieni presente che l'adattamento non si limita solo al linguaggio verbale, ma include anche la comunicazione non verbale. La tua espressione facciale, i gesti, la postura e la distanza fisica influenzano anche il modo in cui i tuoi messaggi vengono percepiti. Adattando questi aspetti della tua comunicazione, rafforzerai la comprensione reciproca e la connessione emotiva.

In conclusione, l'adattamento del linguaggio e del modo di esprimersi in base a ogni tipo di personalità è cruciale per brillare in ogni scambio. Comprendendo le preferenze di comunicazione dei tuoi interlocutori e regolando il tuo stile verbale e non verbale, stabilirai una migliore connessione, favorirai una comunicazione più efficace e rafforzerai le tue relazioni. Questa competenza consente di instaurare un clima di fiducia e comprensione reciproca, agevolando la risoluzione costruttiva di problemi e conflitti, la presa di decisioni e la collaborazione.

c. Utilizzare tecniche di comunicazione persuasiva specifiche per ogni tipo di personalità

Questa sotto-sezione si concentra sull'importanza di adattare il nostro approccio persuasivo in base alle preferenze e ai tratti di personalità dei nostri interlocutori. Comprendendo le motivazioni, i valori e i punti sensibili di ciascun individuo, possiamo formulare i nostri argomenti in modo più persuasivo e aumentare le nostre possibilità di convincerli.

Quando interagiamo con diversi tipi di personalità, è un vero vantaggio riconoscere gli stili di comunicazione che loro prediligono e adattare la nostra strategia di conseguenza. Ecco le tecniche di comunicazione persuasiva specifiche per ogni tipo di personalità:

• Per le persone orientate ai fatti e ai dati:
- Utilizzate statistiche, studi e prove tangibili per supportare i vostri argomenti.
- Mettete l'accento sui risultati concreti e misurabili che la vostra proposta può portare.
- Siate precisi e specifici nelle vostre spiegazioni ed evitate generalizzazioni.

• Per le persone orientate ai valori e alle emozioni:
- Mettete in risalto i benefici emotivi e i valori sottostanti della vostra proposta.
- Raccontate storie e utilizzate esempi concreti per illustrare l'impatto positivo della vostra idea.
- Mostrate empatia e dimostrate di comprendere le loro preoccupazioni e aspirazioni.

• Per le persone orientate alle relazioni e all'armonia:
- Mettete l'accento sui vantaggi per l'intero team o gruppo.
- Sottolineate le opportunità di collaborazione e il rafforzamento dei legami interpersonali.
- Evitate confronti diretti e optate per approcci più delicati e concilianti.

• Per le persone orientate all'azione e ai risultati:
- Siate concisi, diretti e orientati alle soluzioni.
- Mettete in evidenza i vantaggi pratici e i risultati tangibili della vostra proposta.
- Proponete un piano d'azione chiaro e descrivete le fasi necessarie per raggiungere gli obiettivi stabiliti.

Queste tecniche sono solo suggerimenti generali, poiché ogni individuo è unico. Sarà quindi essenziale rimanere attenti e adattarsi in base ai segnali e alle reazioni del vostro interlocutore. L'ascolto attivo e la flessibilità sono competenze chiave per riuscire a utilizzare queste tecniche in modo efficace.

L'utilizzo di tecniche di comunicazione persuasiva specifiche per ogni tipo di personalità è un modo potente per influenzare positivamente i vostri interlocutori. Comprendendo e adattandovi alle preferenze di comunicazione di ciascun individuo, potrete formulare i vostri argomenti in modo più persuasivo e aumentare la vostra capacità di convincerli.

Combinando queste tecniche con un approccio rispettoso ed empatico, brillerete in ogni scambio e costruirete relazioni solide e durature.

2. L'arte di porre domande pertinenti

a. Comprendere l'importanza delle domande aperte per incoraggiare una conversazione approfondita

Esploriamo ora l'arte di porre domande pertinenti al fine di favorire scambi ricchi e significativi. Come abbiamo spiegato in precedenza, le domande aperte, a differenza di quelle chiuse a cui si può rispondere con un semplice "sì" o "no", richiedono risposte dettagliate e consentono di approfondire la discussione.

Quando poniamo domande aperte, offriamo al nostro interlocutore la possibilità di esprimersi pienamente, di esplorare le sue idee e di condividere le sue opinioni in modo più approfondito. Diversi aspetti sono da considerare per comprendere l'importanza delle domande aperte:

• Incentivare l'espressione personale: le domande aperte invitano il nostro interlocutore a condividere le sue esperienze, prospettive e riflessioni personali. Ciò favorisce uno scambio più autentico e consente di approfondire la nostra comprensione reciproca.

• Stimolare la riflessione: le domande aperte obbligano il nostro interlocutore a riflettere più a fondo e a formulare risposte ponderate. Incentivano un'esplorazione più approfondita degli argomenti trattati e possono persino portare a scoperte inaspettate.

• Favorire l'empatia e la connessione: le domande aperte dimostrano il nostro sincero interesse per l'altra persona e le permettono di sentirsi ascoltata e valorizzata, promuovendo un clima di fiducia e rafforzando il legame emotivo tra gli interlocutori.

• Promuovere l'apprendimento reciproco: le domande aperte creano opportunità per imparare gli uni dagli altri, incoraggiano lo scambio di idee, conoscenze ed esperienze, arricchendo la nostra comprensione e ampliando la prospettiva.

Per porre domande aperte pertinenti, tenete conto del contesto della conversazione e degli interessi del vostro interlocutore. Ecco alcuni esempi di domande aperte:

- "Come percepite questa situazione?"
- "Quali sono gli aspetti più importanti da considerare secondo voi?"
- "Potreste spiegarmi il vostro processo di riflessione su questo argomento?"
- "Quali sono le vostre impressioni iniziali riguardo a questa idea?"
- "Come pensate che ciò possa influenzare la nostra situazione attuale?"

In conclusione, comprendere l'importanza delle domande aperte in una conversazione si rivela molto utile per favorire scambi approfonditi e significativi. Ponendo domande che incentivano la riflessione, l'espressione personale e l'apprendimento reciproco, create un ambiente favorevole a una comunicazione arricchente. Le domande aperte vi permetteranno di comprendere meglio i vostri interlocutori, di stabilire connessioni più profonde e di sviluppare la vostra intelligenza relazionale.

b. Praticare l'ascolto attivo per individuare le opportunità di fare domande pertinenti

L'ascolto attivo consente di comprendere veramente ciò che il nostro interlocutore sta esprimendo e di individuare i momenti opportuni per fare domande pertinenti. Richiede un'attenzione costante e una mente aperta per cogliere le informazioni chiave e le sfumature della conversazione. Ecco alcuni consigli per praticare l'ascolto attivo e individuare le opportunità di fare domande pertinenti:

• Essere presenti e concentrati: durante una conversazione, concedi tutta la tua attenzione al tuo interlocutore. Elimina le distrazioni, come i telefoni cellulari, e concentrati su ciò che sta dicendo. Sii consapevole del tuo linguaggio del corpo e mantieni il contatto visivo per mostrare che sei attento.

• Evitare interruzioni: lascia che il tuo interlocutore si esprima senza interromperlo. Evita di preparare mentalmente le tue risposte mentre parla e aspetta che abbia finito prima di formulare domande o condividere le tue riflessioni.

• Ascoltare attivamente: ascolta non solo le parole, ma anche il tono della voce, le espressioni facciali e i gesti del tuo interlocutore. Questi elementi ti forniranno indizi sulle sue emozioni, motivazioni e preoccupazioni, consentendoti di fare domande più pertinenti.

• Riformulare e chiarire: per mostrare la tua comprensione e il tuo interesse, riformula periodicamente ciò che ha detto il tuo interlocutore. In questo modo potrai verificare se hai compreso bene e approfondire la tua comprensione. Se qualcosa non è chiaro, non esitare a chiedere delucidazioni.

• Sfruttare le opportunità di interrogare: l'ascolto attivo ti consente di individuare i momenti propizi per fare domande pertinenti. Identifica le idee, le informazioni o le prospettive che meritano di essere esplorate ulteriormente e poni domande che incoraggino il tuo interlocutore a approfondire le risposte.

• Fare domande aperte: privilegia le domande aperte che invitano il tuo interlocutore a fornire risposte dettagliate e riflessive e evita le domande chiuse. Le domande aperte favoriscono un dialogo più approfondito e consentono di esplorare diversi aspetti di un argomento.

Praticando l'ascolto attivo, svilupperai una migliore comprensione del tuo interlocutore e delle sue esigenze. Sarai in grado di individuare le opportunità di fare domande pertinenti, arricchendo la conversazione e rafforzando la tua relazione. L'ascolto attivo è un elemento chiave nell'arte di fare domande pertinenti, poiché ti consente di connetterti veramente con il tuo interlocutore e di mostrare un reale interesse per ciò che sta dicendo.

L'ascolto attivo è una competenza preziosa che dimostra un interesse sincero per l'altra persona e favorisce una comunicazione più profonda e significativa. Facendo domande pertinenti, incoraggi il tuo interlocutore a riflettere ulteriormente, a condividere informazioni aggiuntive e a approfondire le sue riflessioni. Ciò consente anche di creare un clima di fiducia e apertura, facilitando così una comunicazione fluida e mutualmente arricchente. Adattando il tuo approccio all'interrogazione a ogni situazione e a ogni interlocutore, potrai comprendere meglio le loro esigenze, prospettive e motivazioni. Sarai in grado di esplorare approfonditamente argomenti, ottenere informazioni preziose e stabilire legami più saldi con le persone con cui interagisci.

In conclusione, l'arte di fare domande pertinenti si basa su un ascolto attivo e una comprensione approfondita del tuo interlocutore. Adottando queste tecniche, condurrai conversazioni più significative, approfondirai la tua comprensione degli altri e arricchirai le tue interazioni. Ricorda che fare domande pertinenti è un processo continuo che richiede pratica e sensibilità, ma i benefici in termini di relazioni interpersonali e sviluppo personale ne valgono ampiamente la pena.

c. Utilizzare tecniche di interrogatorio per stimolare la riflessione e l'espressione delle idee dell'altra persona

Porre domande in modo strategico ed abile favorisce il pensiero critico, stimola la creatività e promuove una comunicazione più profonda ed appagante. Esistono diverse tecniche di interrogatorio efficaci da utilizzare:

• Domande aperte: come già spiegato, le domande aperte sono quelle che richiedono una risposta dettagliata anziché un semplice sì o no. Incoraggiano l'interlocutore a riflettere più approfonditamente e a sviluppare le sue idee. Ad esempio, anziché chiedere: "Ti piace viaggiare?", chiedi: "Cosa ti appassiona nei viaggi?". Le domande aperte consentono di esplorare in modo più approfondito i pensieri e i sentimenti dell'altra persona.

• Domande esplorative: le domande esplorative mirano a incoraggiare l'interlocutore a riflettere su diverse prospettive, opzioni o soluzioni. Consentono di approfondire la riflessione e di stimolare la creatività. Ad esempio, puoi chiedere: "Quali sono le diverse approcci che hai considerato per risolvere questo problema?". Le domande esplorative spingono l'altra persona a esplorare possibilità e a pensare in modo innovativo.

• Domande di chiarimento: le domande di chiarimento sono utili quando desideri ottenere ulteriori dettagli o precisazioni su un argomento. Aiutano a dissipare malintesi e garantire una comprensione reciproca. Ad esempio, puoi dire: "Potresti spiegare più dettagliatamente cosa intendi?". Le domande di chiarimento evitano supposizioni e chiariscono le informazioni.

• Domande riflessive: le domande riflessive incoraggiano l'interlocutore a riflettere sulle proprie idee, sentimenti e motivazioni. Favoriscono l'introspezione e l'autonomia. Ad esempio: "Come ti fa sentire ciò?" o "Quali sono le tue principali motivazioni dietro a questa decisione?". Le domande riflessive approfondiscono la comprensione di sé e degli altri.

• Domande ipotetiche: le domande ipotetiche vengono utilizzate per esplorare scenari ipotetici e stimolare la riflessione immaginativa. Incoraggiano l'interlocutore a considerare alternative e a sviluppare il proprio pensiero creativo. Ad esempio, potresti chiedere: "Cosa succederebbe se provassi un approccio completamente diverso?". Le domande ipotetiche aprono la strada a discussioni stimolanti e innovative.
Per riassumere, le domande aperte consentono di esplorare in modo più dettagliato i pensieri e i sentimenti dell'altra persona, mentre le domande

esplorative incoraggiano l'esplorazione di diverse prospettive e soluzioni. Le domande di chiarimento aiutano a dissipare malintesi e a chiarire le informazioni, mentre le domande riflessive favoriscono l'introspezione e la comprensione di sé e degli altri. Infine, le domande ipotetiche stimolano la riflessione immaginativa e aprono la strada a discussioni innovative.

Utilizzando queste tecniche di interrogatorio, mostrerai un interesse sincero per l'altra persona, favorirai uno scambio equilibrato e arricchente e stimolerai la riflessione e l'espressione delle idee. Ricorda che la chiave è nell'ascolto attivo, nella curiosità autentica e nel rispetto reciproco.

In conclusione, l'arte di porre domande pertinenti è un aspetto essenziale della comunicazione efficace. Sviluppando le tue abilità nell'interrogare, sarai in grado di approfondire le tue conversazioni, ampliare la tua comprensione degli altri e stabilire legami più significativi. Pratica regolarmente queste tecniche di interrogatorio e osserva come arricchiscono i tuoi scambi e rafforzano la tua capacità di brillare in tutti gli ambiti della comunicazione.

3. Gestire i disaccordi e i conflitti in modo costruttivo

a. Adottare un atteggiamento rispettoso e aperto durante un disaccordo

Quando interagiamo con gli altri, è inevitabile che, prima o poi, si verifichino dei disaccordi. Il modo in cui gestiamo questi disaccordi avrà un impatto significativo sulle nostre relazioni e sulla qualità delle nostre interazioni. Pertanto, è essenziale adottare un atteggiamento rispettoso e aperto, anche in caso di disaccordo.

Innanzitutto, è importante accettare che i disaccordi siano parte integrante della vita e riconoscerli come opportunità di apprendimento e crescita anziché ostacoli. Quando ti trovi in disaccordo con qualcuno, tieni presenti questi consigli per adottare un atteggiamento rispettoso e aperto:

• Ascolta attivamente: presta un'attenzione sincera all'altra persona e ascolta i suoi argomenti con una vera volontà di comprendere il suo punto di vista. Evita interruzioni e non cercare solo di formulare la tua risposta.

• Rimanere calmi e controllare le emozioni: i

disaccordi possono suscitare emozioni intense, ma è importante mantenere la calma. Controlla le tue emozioni e evita reazioni impulsiva. Un atteggiamento tranquillo favorisce uno scambio costruttivo.

• Pratica l'empatia: mettiti nei panni dell'altra persona e cerca di capire le ragioni che la portano a pensare diversamente. L'empatia favorisce una connessione più profonda e promuove una discussione rispettosa.

• Utilizza un linguaggio rispettoso: scegli le tue parole con attenzione ed evita qualsiasi linguaggio aggressivo, accusatorio o offensivo. Concentrati sulle idee e gli argomenti anziché sugli attacchi personali.

• Poni domande per approfondire la comprensione: fai domande aperte e incoraggia l'altra persona a spiegare ulteriormente il suo punto di vista. Ciò contribuirà a approfondire la discussione e a identificare i punti di convergenza o le possibilità di compromesso.

• Cerca i punti in comune: individua i punti su cui siete d'accordo, anche se sono minimi, per creare una base comune che aiuterà a costruire una discussione più costruttiva e a trovare soluzioni accettabili per entrambe le parti.

• Sii pronto a cambiare idea: sii aperto alla possibilità di rivalutare la tua posizione se vengono presentati nuovi argomenti convincenti. L'obiettivo non è vincere un dibattito, ma raggiungere una comprensione reciproca e un dialogo costruttivo.

Adottando un atteggiamento rispettoso e aperto durante un disaccordo, favorirai una comunicazione sana e costruttiva. Manterrà anche relazioni positive con gli altri, anche quando ci sono opinioni divergenti. Ricorda che il rispetto reciproco è essenziale per mantenere relazioni armoniose e produttive.

Ascoltando attivamente, rimanendo calmi, praticando l'empatia, utilizzando un linguaggio rispettoso, ponendo domande pertinenti, cercando punti in comune e essendo pronti a cambiare idea, creerai un ambiente favorevole a discussioni approfondite e rispettose, promuovendo una migliore comprensione reciproca e aprendo la strada alla risoluzione dei conflitti in modo soddisfacente per tutte le parti coinvolte. L'arte di gestire i disaccordi in modo costruttivo è una competenza preziosa che consente di stabilire relazioni solide, promuovere l'apprendimento reciproco e raggiungere compromessi benefici. Sviluppa questa competenza e brillerai in tutte le tue interazioni!

b. Utilizzare tecniche di comunicazione non violenta per esprimere il proprio punto di vista senza attaccare l'altra persona

La comunicazione non violenta è un approccio estremamente efficace per esprimere il proprio punto di vista durante un disaccordo senza attaccare l'altra persona. Si basa sul rispetto, sull'empatia e sulla preoccupazione per preservare una relazione armoniosa. Approfondiamo qui le tecniche di comunicazione non violenta da utilizzare in situazioni conflittuali:

• Osservazione neutrale: anziché fare giudizi o critiche, descrivi i fatti in modo oggettivo. Ciò evita di offendere o incolpare l'altra persona e favorisce una discussione costruttiva.

• Espressione delle emozioni: è importante riconoscere e comunicare le proprie emozioni in modo autentico. Utilizza frasi come "Mi sento frustrato quando..." o "Provo tristezza quando..." per esprimere il tuo stato emotivo senza accusare l'altra persona.

• Bisogni e valori: identifica i bisogni sottostanti che motivano le tue opinioni e condividili con l'altra persona. Ad esempio, se stai difendendo un'idea, spiega come risponde a un bisogno specifico, come quello di sicurezza, autonomia o rispetto.

• Ascolto attivo: presta una vera attenzione a ciò che dice l'altra persona. Mostra empatia riformulando ciò che dice, ponendo domande per chiarire la sua posizione e dimostrando una sincera volontà di comprendere il suo punto di vista.

• Proposta di soluzioni reciprocamente soddisfacenti: anziché cercare di imporre il tuo punto di vista, esplora alternative che soddisfino i bisogni di entrambe le parti. Mostrati aperto alla ricerca di compromessi e alla creazione di soluzioni vincenti per tutti.

Utilizzando queste tecniche di comunicazione non violenta, esprimerai il tuo punto di vista in modo rispettoso e costruttivo, preservando al contempo una relazione armoniosa con l'altra persona, facilitando la risoluzione dei conflitti e contribuendo a trovare soluzioni reciprocamente soddisfacenti.

L'utilizzo di tecniche di comunicazione non violenta durante disaccordi e conflitti ti consentirà di esprimere il tuo punto di vista senza attaccare l'altra persona. Favorire l'osservazione neutrale, l'espressione delle emozioni, l'identificazione dei bisogni e dei valori, l'ascolto attivo e la ricerca di soluzioni reciprocamente soddisfacenti ti permetterà di gestire i disaccordi in modo costruttivo e preservare relazioni armoniose. Questo approccio ti offrirà l'opportunità di illuminare tutti i tuoi scambi mostrando rispetto, empatia e considerazione verso gli altri.

c. Ricercare soluzioni collaborative e trovare un terreno comune per risolvere i conflitti

La ricerca di soluzioni collaborative e la ricerca di un terreno comune sono punti centrali per risolvere i conflitti in modo costruttivo. Infatti, quando si manifestano disaccordi, è meglio privilegiare la cooperazione rispetto alla confrontazione. I consigli di seguito spiegano come cercare soluzioni collaborative e raggiungere un terreno comune:

• Identificare gli interessi comuni: anziché concentrarsi solo sulle posizioni opposte, cercare gli interessi o gli obiettivi condivisi con l'altra persona. Identificando questi punti comuni, si costruirà una base solida per trovare soluzioni mutuamente soddisfacenti.

• Favorire la comunicazione aperta: creare uno spazio di dialogo in cui ognuno possa esprimersi liberamente, senza giudizi o interruzioni. Favorire una comunicazione onesta e rispettosa, in cui le idee e le opinioni di ciascuno siano ascoltate e prese in considerazione.

• Esplorare opzioni creative: anziché restare bloccati su una sola soluzione, favorire la ricerca di alternative.

Mostrare creatività generando diverse idee e considerando approcci diversi per risolvere il conflitto. Essere aperti all'esplorazione di nuove vie e alla ricerca di compromessi.

• Cercare il consenso: l'obiettivo è arrivare a un accordo che soddisfi i bisogni e gli interessi di tutte le parti coinvolte. Per farlo, cercare un consenso in cui ognuno sia disposto ad accettare e sostenere la decisione finale. Si creerà così un senso di collaborazione e si rafforzeranno le relazioni.

• Stabilire un piano d'azione: una volta trovato un terreno comune, determinare le azioni concrete da intraprendere per attuare la soluzione. Stabilire un piano d'azione chiaro con responsabilità definite e scadenze per garantire il follow-up e l'attuazione delle decisioni prese.

Ricercando soluzioni collaborative e trovando un terreno comune, si risolveranno i conflitti in modo costruttivo. Ciò richiede una comunicazione aperta, la ricerca di interessi comuni, l'esplorazione di opzioni creative, la ricerca del consenso e la definizione di un piano d'azione. In questo modo, sarai in grado di gestire con successo i disaccordi e mantenere relazioni armoniose e produttive.

Queste competenze sono ovviamente essenziali per

brillare in tutti i tuoi scambi e sviluppare relazioni interpersonali solide e durature.

Parte V

Adattarsi a tutte le circostanze

1. Gestione delle situazioni delicate

a. Imparare a rimanere calmi e riflessivi di fronte a situazioni tese o delicate

La capacità di rimanere calmi e riflessivi di fronte a situazioni tese o delicate è una competenza estremamente preziosa nella gestione delle interazioni umane. In questa sotto-sezione, esploreremo le strategie per sviluppare questa capacità e affrontare le sfide con sangue freddo e riflessione:

• Pratica della consapevolezza di sé: prendere consapevolezza delle proprie emozioni e reazioni è fondamentale per rimanere calmi e riflessivi, quindi è necessario imparare a riconoscere i segnali di stress o frustrazione che emergono in queste situazioni. Sviluppando la consapevolezza di sé, sarai meglio attrezzato per gestire le tue emozioni ed evitare reazioni impulsive.

• Adotta un approccio riflessivo: prima di rispondere a una situazione tesa, prenditi il tempo di riflettere e valutare il miglior modo di agire. Evita risposte immediate e impulsiva, che spesso peggiorano la situazione. Al contrario, prendi le distanze, respira profondamente e rifletti sulle conseguenze delle tue azioni e parole.

• Coltiva l'empatia: cerca di capire la prospettiva delle altre persone coinvolte nella situazione. Mettiti nei loro panni e immagina cosa potrebbero sentire o pensare. L'empatia ti consentirà di adottare un approccio più comprensivo e di trovare soluzioni più costruttive.

• Usa tecniche di gestione dello stress: di fronte a situazioni delicate, lo stress è spesso un elemento disturbante. Impara tecniche di gestione dello stress come la respirazione profonda, il rilassamento muscolare o la meditazione, pratiche che ti aiuteranno notevolmente a mantenere la calma e a concentrarti.

• Preparati in anticipo: se sai che si avvicina una situazione tesa, preparati mentalmente identificando scenari possibili e riflettendo sulle risposte appropriate. Preparandoti in anticipo, avrai più fiducia in te stesso e sarai meglio preparato ad affrontare la situazione con calma e riflessione.

• Sii assertivo: l'assertività consiste nell'esprimere le tue opinioni e i tuoi bisogni in modo chiaro, diretto e rispettoso. Essendo assertivo, sarai in grado di difendere i tuoi punti di vista pur mantenendo il rispetto reciproco, consentendoti di affrontare situazioni delicate con sicurezza e di incoraggiare scambi costruttivi.

Imparare a rimanere calmi e riflessivi di fronte a situazioni tese o delicate è una competenza essenziale per gestire le interazioni in modo efficace. Praticando la consapevolezza di sé, adottando un approccio riflessivo, coltivando l'empatia, utilizzando tecniche di gestione dello stress, preparandoti in anticipo e essendo assertivo, sarai in grado di affrontare queste situazioni con fiducia e trovare soluzioni costruttive. Queste competenze ti consentiranno di gestire qualsiasi circostanza e conversazione, mantenendo relazioni armoniose e produttive.

b. Utilizzare tecniche di comunicazione assertiva per esprimere i propri limiti e bisogni

La comunicazione assertiva, come abbiamo discusso, svolge un ruolo fondamentale nella gestione delle situazioni delicate. Consente di esprimere i propri limiti e bisogni in modo chiaro, rispettoso ed efficace. Dedichiamo ora questa sezione alle tecniche di comunicazione assertiva che vi aiuteranno ad affrontare le sfide e a preservare i vostri interessi in qualsiasi scambio.

• Sii chiaro e diretto: quando esprimi i tuoi limiti o bisogni, utilizza un linguaggio chiaro e diretto. Evita di utilizzare espressioni vaghe o ambigue che potrebbero creare confusione. Descrivi precisamente ciò che ti infastidisce o di cui hai bisogno.

• Usa il "io" invece del "tu": anziché incolpare o criticare l'altra persona, concentrati sui tuoi sentimenti e esperienze usando il pronome "io". Ad esempio, di' "Mi sento frustrato quando..." invece di "Tu mi fai arrabbiare quando...". Questo piccolo trucco impedisce accuse dirette e favorisce una comunicazione più costruttiva.

• Ascolta attivamente: quando esprimi i tuoi limiti o bisogni, sii anche disposto ad ascoltare gli altri. Mostra empatia comprendendo la loro prospettiva e incoraggiandoli a esprimere le loro preoccupazioni. L'ascolto attivo porta a una comprensione reciproca e facilita la risoluzione dei problemi.

• Usa le "messaggi io": i "messaggi io" sono dichiarazioni che esprimono i tuoi sentimenti, bisogni e le conseguenze di determinate azioni. Ad esempio, di' "Mi sento stressato quando i tempi non vengono rispettati, e questo influisce sulla mia produttività", piuttosto che "Non rispetti mai i tempi". I "messaggi io" consentono di concentrarsi sui fatti e sugli effetti, anziché incolpare l'altra persona.

• Sii rispettoso: l'assertività non significa essere aggressivi o mancare di rispetto. Esprimi le tue opinioni con rispetto, evitando attacchi personali, insulti o sarcasmo, e resta focalizzato sul problema o sulla situazione, senza fare generalizzazioni sulla persona coinvolta.

• Pratica la gestione delle emozioni: quando esprimi i tuoi limiti o bisogni, è importante gestire le tue emozioni. Prenditi qualche istante per calmarti se ti senti arrabbiato o frustrato. Una comunicazione assertiva è molto più efficace quando sei in grado di mantenere la calma e esprimere i tuoi pensieri in modo riflessivo.

In conclusione, l'uso di tecniche di comunicazione assertiva vi consentirà di esprimere i vostri limiti e bisogni in modo chiaro, rispettoso ed efficace in situazioni delicate. Essere chiari, diretti e rispettosi, utilizzare il pronome "io", ascoltare attivamente, usare i "messaggi io" e praticare la gestione delle emozioni vi permetterà di preservare i vostri interessi in qualsiasi conversazione, mantenendo al contempo relazioni armoniose.

c. Trovare alternative creative per risolvere i problemi e uscire dagli impasse

Nella gestione di situazioni delicate, è talvolta necessario trovare alternative creative per risolvere i problemi e uscire dagli impasse. Concentriamoci qui sulle strategie e gli approcci che favoriscono la ricerca di soluzioni innovative e costruttive:

• Allargare la prospettiva: quando ci si trova di fronte a un impasse o a un problema complesso, prendetevi il tempo per prendere le distanze e esaminare la situazione da diverse angolazioni. Esplorate le diverse prospettive e considerate le possibilità che potrebbero non essere state prese in considerazione inizialmente. Questo vi aiuterà ad aprire nuove vie di risoluzione.

• Favorire la creatività: la creatività svolge un ruolo chiave nella ricerca di soluzioni alternative. Incoraggiate la vostra mente a pensare in modo divergente generando idee non convenzionali. Utilizzate tecniche come il brainstorming, la mappatura mentale o il pensiero laterale per stimolare la vostra creatività e scoprire nuovi approcci.

• Coinvolgere le parti interessate: coinvolgere le persone coinvolte nel processo di risoluzione dei problemi contribuirà alla ricerca di alternative creative. Includendo diverse prospettive e promuovendo la collaborazione, beneficerete di diverse idee e troverete soluzioni che soddisfano le esigenze di tutti.

• Sperimentare approcci diversi: non limitatevi a un solo approccio. Siate aperti all'esperimento e all'esplorazione di diverse metodologie per risolvere i problemi. A volte è necessario provare diverse strade prima di trovare quella che funziona meglio.

• Cercare esempi ispiratori: prendete ispirazione da esempi di risoluzione creativa dei problemi in diversi settori. Studiate casi di successo, studi di caso o esempi di persone che hanno trovato soluzioni innovative. Ciò vi darà idee e vi aiuterà a pensare in modo diverso.

• Rimanere aperti ai compromessi: in alcune situazioni, può essere necessario trovare compromessi per risolvere i problemi in modo costruttivo. Siate pronti a fare concessioni ed esplorare soluzioni che soddisfano le esigenze di tutte le parti coinvolte.

La ricerca di alternative creative è essenziale per risolvere i problemi e uscire dagli impasse nelle situazioni delicate. Allargando la vostra prospettiva, favorendo la creatività, coinvolgendo le parti interessate, sperimentando approcci diversi, cercando esempi ispiratori e rimanendo aperti ai compromessi, sarete in grado di trovare soluzioni innovative e costruttive. La capacità di pensare in modo creativo e di esplorare nuove vie di risoluzione è un prezioso alleato nella gestione di situazioni conversazionali delicate.

2. Superare la timidezza e la paura di esprimersi

a. Identificare le cause della timidezza e della paura di esprimersi

Molte persone temono di parlare, hanno paura di dire ciò che pensano veramente e di affermare il loro punto di vista durante una conversazione, o provano un'ansia intensa quando devono esprimersi di fronte a un pubblico.

Questo sottosezione ha quindi l'obiettivo di analizzare le cause sottostanti della timidezza e della paura di esprimersi. Comprendere le ragioni che contribuiscono a questi sentimenti aiuterà notevolmente a superarli in modo efficace e duraturo:

• Autostima e fiducia in sé stessi: una delle cause principali della timidezza e della paura di esprimersi risiede in una bassa autostima e in una mancanza di fiducia nelle proprie capacità. Esperienze negative passate, critiche o confronti continui possono influenzare la fiducia in se stessi e generare ansia quando si tratta di esprimersi.

• Paura del giudizio: la paura del giudizio degli altri è un'altra causa comune di timidezza. La paura di essere criticati, ridicolizzati o respinti può inibire la volontà di esprimersi liberamente. Questa apprensione può essere rafforzata da esperienze passate di rifiuto o derisione.

• Pressione sociale: le norme sociali e le aspettative sociali possono anche esercitare una pressione sugli individui, rendendoli più timidi e meno propensi a esprimersi. La paura di non corrispondere alle aspettative degli altri o di deludere ostacola spesso la capacità di esprimere con fiducia le proprie opinioni.

• Mancanza di esperienza o competenze: la mancanza di esperienza o competenze in un determinato campo può contribuire alla timidezza e alla paura di esprimersi. Quando ci si sente insicuri delle proprie conoscenze o abilità, è naturale temere di commettere errori o di non essere all'altezza.

• Traumi passati: esperienze traumatiche precedenti, come umiliazioni, abusi verbali o episodi di molestie, lasciano spesso cicatrici emotive profonde. Questi traumi alimentano quindi la timidezza e la paura di esprimersi, creando diffidenza e maggiore vulnerabilità.

Riconoscere e comprendere queste cause è essenziale per poterle superare. Identificando i fattori specifici che contribuiscono alla timidezza e alla paura di esprimersi, diventa quindi del tutto possibile adottare strategie adeguate per contrastarli.

In sintesi, la timidezza e la paura di esprimersi possono essere causate da vari fattori come autostima, paura del giudizio, pressione sociale, mancanza di esperienza o competenze, e traumi passati. Essere consapevoli di questi fattori costituisce un passo cruciale nel processo di superamento della timidezza e della paura di esprimersi. Comprendendo queste cause, potrete sviluppare tecniche e approcci efficaci per superare questi ostacoli e ritrovare fiducia in voi stessi e la capacità di esprimervi con sicurezza.

b. Praticare tecniche di rilassamento e visualizzazione per ridurre l'ansia sociale

Vediamo ora quali tecniche di rilassamento e visualizzazione mettere in pratica per ridurre l'ansia sociale e superare la timidezza e la paura di esprimersi. Le tecniche di seguito elencate consentono di calmare la mente, rilassarsi fisicamente e mentalmente, e aumentare la fiducia in se stessi durante le interazioni sociali:

• Respirazione profonda: la respirazione profonda è una tecnica semplice ma efficace per rilassarsi e ridurre l'ansia. Inspirando profondamente e lentamente, trattenendo l'aria per alcuni secondi e poi espirando lentamente, si attiva il sistema nervoso parasimpatico, che favorisce il rilassamento. Praticare la respirazione profonda regolarmente diminuisce le sensazioni di ansia e calma la mente prima di situazioni sociali potenzialmente stressanti, come parlare in pubblico.

• Rilassamento muscolare progressivo: questa tecnica consiste nel rilassare progressivamente ogni gruppo muscolare del corpo, iniziando dai piedi e salendo fino alla testa. Concentrandosi sul rilassamento e rilasciando consapevolmente le tensioni muscolari, si riduce l'ansia e lo stress. Il rilassamento muscolare progressivo favorisce anche una sensazione generale di calma e rilassamento.

• Visualizzazione positiva: la visualizzazione consiste nel rappresentarsi mentalmente situazioni sociali di successo e positive. Immaginando con precisione e provando le emozioni positive associate a queste situazioni, si rafforza la fiducia in se stessi e si prepara mentalmente a un'interazione sociale. La visualizzazione consente di proiettarsi in scenari positivi, aiutando a ridurre l'ansia e a sentirsi più a proprio agio in situazioni reali.

• Affermazioni positive: le affermazioni positive sono dichiarazioni brevi e potenti che rafforzano la fiducia in se stessi. Ripetere affermazioni positive come "Sono capace di esprimermi chiaramente" o "Mi sento a mio agio nelle situazioni sociali" consente di riprogrammare la mente e adottare un'attitudine più positiva e fiduciosa. Le affermazioni positive devono essere recitate quotidianamente per rafforzare l'autostima e ridurre l'ansia sociale.

• Meditazione: la meditazione è una pratica che favorisce il rilassamento, la concentrazione e la chiarezza mentale. Concentrandosi sul momento presente, osservando i pensieri senza attaccarsi ad essi, si coltiva una maggiore tranquillità mentale. La meditazione regolare aiuta a sviluppare una migliore gestione dello stress e dell'ansia, benefica per superare la timidezza e la paura di esprimersi.

La pratica regolare di tecniche di rilassamento e visualizzazione fornisce strumenti preziosi per ridurre l'ansia sociale, superare la timidezza e la paura di esprimersi. La respirazione profonda, il rilassamento muscolare progressivo, la visualizzazione positiva, le affermazioni positive e la meditazione sono tutte tecniche che favoriscono il rilassamento, rafforzano la fiducia in se stessi e aiutano ad affrontare le situazioni sociali con maggiore sicurezza. Integrando queste pratiche nella tua routine quotidiana, riuscirai a superare l'ansia inizialmente presente e ad esprimerti liberamente in qualsiasi contesto.

Tuttavia, ricorda che nulla sostituisce la pratica regolare e l'allenamento, pertanto, più supererai la paura di parlare in pubblico, più diventerà naturale e facile, guadagnando così in sicurezza nelle conversazioni.

c. Uscire progressivamente dalla propria zona di comfort esponendosi a situazioni di comunicazione

Per completare quanto appena esposto, esaminiamo ora la strategia di uscire gradualmente dalla propria zona di comfort esponendosi a situazioni di comunicazione. Questo approccio consente di superare la timidezza e la paura di esprimersi, sviluppando progressivamente fiducia e competenza nelle interazioni sociali.

• Identificare la propria zona di comfort: il primo passo per uscire dalla propria zona di comfort è prendere consapevolezza dei limiti attuali nella comunicazione. È importante riconoscere le situazioni che generano ansia o disagio e identificarle chiaramente.

• Stabilire obiettivi progressivi: una volta identificata la zona di comfort, è necessario stabilire obiettivi progressivi per ampliare questa zona. Iniziare con situazioni leggermente più difficili ma realizzabili consente di guadagnare fiducia man mano.

• Praticare regolarmente: la pratica regolare è essenziale per sviluppare le competenze nella comunicazione. Esporsi volontariamente a situazioni di comunicazione, anche se generano ansia, consente di abituarsi progressivamente e sentirsi sempre più a proprio agio.

• Prepararsi in anticipo: prima di affrontare situazioni di comunicazione che suscitano preoccupazione, è utile prepararsi in anticipo per gestirle con successo. Ciò può includere la preparazione di un discorso, la ripetizione di frasi chiave, la ricerca di informazioni pertinenti, ecc. Una preparazione adeguata rafforza automaticamente la fiducia in se stessi e facilita l'espressione durante tali situazioni.

• Accettare gli errori e imparare dall'esperienza: ricordate che l'apprendimento nella comunicazione comporta inevitabilmente errori e momenti di disagio. Accettateli come opportunità di apprendimento e crescita. Ogni esperienza, anche se difficile, offre infatti una lezione preziosa per progredire.

• Chiedere feedback: richiedere feedback a persone di fiducia è estremamente utile per identificare i punti da migliorare e rafforzare le competenze nella conversazione. I feedback costruttivi permettono di comprendere meglio e regolare il proprio modo di comunicare.

• Coltivare un'attitudine positiva: mantenere un'attitudine positiva lungo tutto il processo è fondamentale. Ciò implica di congratularsi per i progressi compiuti, ricordare i successi passati e coltivare fiducia nelle proprie capacità di comunicare efficacemente.

In breve, uscire progressivamente dalla propria zona di comfort esponendosi a situazioni di comunicazione è un approccio efficace per superare la timidezza e la paura di esprimersi. Identificare la propria zona di comfort, stabilire obiettivi progressivi, praticare regolarmente, prepararsi in anticipo, accettare gli errori e chiedere feedback consente di sviluppare fiducia e competenza nella comunicazione.

Con il tempo e l'esperienza, questi sforzi vi permetteranno di sentirvi sempre più a vostro agio e di fiorire in tutte le situazioni di comunicazione.

3. La pratica e lo sviluppo continuo delle proprie competenze

a. Mettere in atto un piano d'azione per allenarsi regolarmente a migliorare la conversazione e la prontezza verbale

Mettere in atto un piano d'azione consentirà di migliorare in modo costante e metodico la conversazione e la prontezza verbale. Infatti, avere un piano strutturato permette di sviluppare le competenze in modo continuo e di progredire praticamente quotidianamente nelle interazioni sociali. Ecco come fare:

• Identificare gli obiettivi: il primo passo per mettere in atto un piano d'azione efficace è identificare chiaramente gli obiettivi in termini di conversazione e prontezza verbale. Questi obiettivi possono includere il miglioramento della facilità verbale, l'acquisizione di nuove competenze comunicative o il rafforzamento della fiducia nelle interazioni sociali.

• Scomporre le competenze necessarie: una volta definiti gli obiettivi, sarà necessario scomporre le competenze necessarie per raggiungerli. Ad esempio, ciò può includere competenze come l'ascolto attivo, la formulazione chiara delle idee, la padronanza della prontezza verbale, ecc.

• Pianificare esercizi di allenamento: una volta identificate le competenze, è il momento di pianificare esercizi di allenamento concreti e regolari, come pratiche di conversazione con partner di allenamento, giochi di ruolo, situazioni simulate o persino la registrazione delle proprie conversazioni per un'analisi successiva.

• Integrare risorse di apprendimento: in aggiunta agli esercizi di allenamento, sarà utile integrare risorse di apprendimento come libri, corsi online, podcast o video sullo sviluppo delle competenze comunicative. Le risorse in materia sono molteplici e offrono consigli pratici, tecniche avanzate ed esempi concreti per progredire.

• Stabilire un calendario di allenamento: per mantenere disciplina e regolarità, è meglio stabilire un calendario di allenamento. Ad esempio, potete creare un orario settimanale o mensile dedicato alla pratica e allo sviluppo delle vostre competenze in conversazione e prontezza verbale.

• Valutare i progressi e adattare il piano: sarà importante valutare regolarmente i progressi in base agli obiettivi stabiliti. Se necessario, sarà opportuno adattare il piano d'azione per rispondere alle specifiche esigenze di miglioramento e continuare a sfidarsi.

• Impegnarsi in situazioni reali: infine, è indispensabile impegnarsi in situazioni reali per mettere in pratica le competenze acquisite. Ciò include conversazioni informali, interazioni professionali, presentazioni pubbliche, ecc. L'obiettivo è trasferire le competenze sviluppate in contesti reali e osservare i risultati.

In sintesi, mettere in atto un piano d'azione strutturato per allenarsi regolarmente e migliorare la conversazione e la prontezza verbale è un modo particolarmente efficace per sviluppare le competenze comunicative. Investendo tempo ed energie in questo processo, diventerete comunicatori più sicuri, efficaci e incisivi in qualsiasi circostanza.

L'allenamento regolare vi permetterà di sviluppare la facilità verbale, la capacità di formulare idee chiare, la prontezza e la capacità di adattare il discorso in base all'audience. Allenandovi con partner di allenamento, utilizzando giochi di ruolo o registrando le vostre conversazioni, lavorerete su aspetti specifici della conversazione e della prontezza verbale.

L'integrazione di risorse di apprendimento, come libri, corsi online o video, vi offrirà consigli pratici, tecniche avanzate ed esempi concreti per migliorare le vostre competenze. Queste risorse vi aiuteranno ad approfondire la comprensione dei diversi aspetti della comunicazione e a scoprire nuove strategie.

Grazie a un calendario di allenamento, manterrete disciplina e regolarità nella pratica. Stabilendo scadenze e obiettivi specifici, favorirete la progressione continua. La valutazione regolare dei progressi vi permetterà di misurare i risultati ottenuti, individuare le aree che richiedono maggiore attenzione e adattare il piano d'azione di conseguenza.

Infine, e forse più importante, non dimenticatevi di impegnarvi in situazioni reali per mettere in pratica le competenze acquisite. Solo confrontandovi con interazioni reali potrete davvero testare e perfezionare le vostre competenze, guadagnando fiducia e sicurezza.

b. Partecipare a gruppi di discussione o club di dibattito per mettere in pratica le proprie competenze

I gruppi di discussione e i club di dibattito rappresentano ambienti molto interessanti per allenarsi e mettere in pratica le proprie competenze in materia di conversazione, poiché offrono opportunità uniche per scambiare idee, esprimersi in modo articolato e sviluppare la prontezza verbale in un contesto interattivo e stimolante.

Unendovi a un gruppo di discussione o a un club di dibattito, avrete accesso a uno spazio favorevole all'apprendimento e alla messa in pratica delle vostre competenze comunicative. Questi gruppi riuniscono individui con un interesse comune per argomenti vari, favorendo la diversità di prospettive e scambi arricchenti.

Inoltre, uno dei vantaggi principali di questi gruppi è la possibilità di ricevere feedback costruttivi dagli altri membri. Gli scambi e i dibattiti offrono commenti, suggerimenti e consigli che contribuiscono a migliorare le vostre competenze in tempo reale. Questi feedback sono essenziali per prendere consapevolezza dei punti di forza e delle aree di miglioramento.

I gruppi di discussione e i club di dibattito offrono anche l'opportunità di osservare e trarre ispirazione dagli altri partecipanti. Ascoltando attentamente le interviste degli altri membri, potrete imparare nuove prospettive, nuove tecniche di comunicazione e nuovi approcci ai temi. Questa osservazione attiva favorisce l'arricchimento delle vostre competenze e incoraggia l'esperimento di nuove strategie.

Inoltre, partecipare a questi gruppi consente di

sviluppare competenze complementari come l'ascolto attivo, la capacità di argomentare in modo convincente e la gestione dei dibattiti contraddittori. Queste competenze sono fondamentali in molte situazioni di comunicazione, che si tratti di discussioni professionali, negoziazioni o decisioni di gruppo.

Se siete restii, tenete presente che questi gruppi di discussione e club di dibattito offrono un ambiente sicuro e inclusivo, dove i membri sono generalmente aperti all'apprendimento reciproco. Ciò crea un'atmosfera favorevole a prendere rischi, sperimentare nuove idee e correggere errori senza giudizi eccessivi.

In sintesi, partecipare a gruppi di discussione o club di dibattito è un ottimo modo per mettere in pratica le proprie competenze comunicative. Questi ambienti consentono di scambiare idee, ricevere feedback costruttivi, osservare gli altri partecipanti e sviluppare competenze complementari. Se vi impegnate attivamente in questi gruppi, accelererete il vostro sviluppo personale e rafforzerete la vostra fiducia nelle vostre capacità comunicative in qualsiasi circostanza.

c. Ricevere feedback costruttivi e adattare la propria comunicazione in base ai commenti

Quando si cerca di migliorare le proprie competenze comunicative, è estremamente utile ottenere feedback obiettivi e riflessivi sulla propria capacità di esprimersi e interagire con gli altri.

Ricevere feedback costruttivi consente infatti di prendere consapevolezza dei propri punti di forza e delle proprie debolezze in materia di comunicazione: questi feedback possono provenire da varie fonti, come mentori, colleghi, amici stretti o addirittura professionisti del settore. L'obiettivo è cercare feedback onesti e specifici su diversi aspetti della comunicazione, come il linguaggio del corpo, il tono della voce, la chiarezza delle idee, l'ascolto attivo, ecc. Quando ricevete feedback, accoglieteli con apertura e non prendeteli mai personalmente. I feedback costruttivi sono occasioni preziose per imparare e crescere. Tenete presente che questi feedback sono destinati a favorire il vostro progresso, non a criticare o giudicare.

Una volta ricevuti i feedback, è fondamentale analizzarli attentamente e metterli in pratica, il che potrebbe comportare la necessità di apportare aggiustamenti al modo in cui vi esprimete, adottare nuove tecniche di comunicazione o lavorare su specifici aspetti. Concentratevi sugli ambiti in cui è possibile apportare miglioramenti e sviluppate un piano d'azione per farlo, come spiegato nella sotto-sezione precedente.

L'integrazione dei feedback nella pratica della comunicazione richiede pazienza e perseveranza. È necessario impegnarsi in un processo di apprendimento continuo, cercando regolarmente feedback e apportando i cambiamenti necessari. La pratica costante e l'esperienza pratica consentono di affinare le competenze e di integrarle in modo naturale nella comunicazione quotidiana.

Parallelamente, sarà vantaggioso chiedere feedback specifici dopo aver partecipato a conversazioni, presentazioni o riunioni. Ciò vi permetterà di raccogliere impressioni e osservazioni sulle vostre performance e di individuare le aree in cui potete migliorare. I feedback esterni sono particolarmente preziosi perché offrono prospettive esterne e aiutano a sviluppare una consapevolezza più ampia della propria comunicazione.

Come avete capito, ricevere feedback costruttivi e adattare la propria comunicazione in base a tali feedback è una fase cruciale nello sviluppo continuo delle competenze comunicative. I feedback consentono di prendere consapevolezza dei punti di forza e delle aree di miglioramento, di apportare gli aggiustamenti necessari e di migliorare le proprie performance.

Essere aperti ai feedback e integrare i cambiamenti in modo regolare vi permetterà di progredire in tutti gli aspetti della vostra comunicazione e di affrontare con successo tutte le situazioni conversazionali o che richiedono una presa di parola.

Conclusione

Beh, congratulazioni! Hai completato questo viaggio arricchente attraverso i misteri della conversazione coinvolgente e i segreti di una replica incisiva, acquisendo così competenze preziose che ti permetteranno di esprimerti con facilità, fiducia e carisma in ogni circostanza. Il libro che hai letto ti propellerà al vertice della gerarchia degli interlocutori brillanti!

Preparati a conquistare il mondo della conversazione con sicurezza, carisma e un tocco di fantasia, perché ora possiedi tutti gli strumenti necessari per brillare in ogni scambio, che sia durante una riunione d'affari, una cena tra amici o persino una conversazione con il tuo gatto (perché, dopo tutto... perché no?).

Come ben sai, la comunicazione efficace è un elemento essenziale nella nostra vita personale e professionale. Apprendendo i principi fondamentali della chiarezza del messaggio, dell'ascolto attivo e dell'adattamento all'interlocutore, hai gettato le basi solide per futuri scambi fruttuosi ed appaganti.

Hai scoperto l'importanza della percezione, dell'empatia e della consapevolezza di sé, competenze chiave per comprendere gli altri e costruire una comunicazione solida. Coltivando queste qualità, sei in grado di creare connessioni autentiche e favorire un ambiente propizio a discussioni arricchenti.

Nella tua ricerca per sviluppare una conversazione coinvolgente, sei stato introdotto all'arte di scegliere argomenti interessanti, creare un clima favorevole allo scambio e affascinare il tuo pubblico attraverso narrazioni ben strutturate e tecniche di narrazione efficaci.

Hai anche esplorato i segreti di una replica incisiva, imparando a dominare le tue emozioni, a pensare rapidamente e a utilizzare umorismo e ironia in modo appropriato. Queste competenze ti consentiranno di affrontare i conflitti mantenendo comunque un'attitudine rispettosa e aperta.

Infine, hai scoperto come brillare in ogni scambio adattandoti ai diversi tipi di personalità, ponendo domande pertinenti e gestendo i disaccordi in modo costruttivo.

In ogni parte di questo libro, hai superato un'importante tappa verso una comunicazione più sicura e appagante, acquisendo conoscenze approfondite, competenze pratiche e strategie comprovate che ti renderanno un comunicatore eccezionale. Ora sei pronto a distinguerti, suscitare l'interesse del tuo pubblico e affrontare ogni situazione di conversazione con fiducia.

Tuttavia, ricorda che lo sviluppo delle competenze di comunicazione è un processo senza fine. Persevera, continua ad allenarti, mettiti costantemente alla prova e cerca sempre di migliorarti.

La conversazione e la replica sono abilità che crescono con la pratica e l'esperienza, quindi impegna te stesso nell'applicare i principi e le tecniche apprese in questo libro.

Non scoraggiarti se inciampi nelle parole di tanto in tanto o se non raggiungi subito i risultati sperati. L'importante è che rimani curioso, aperto e pronto a migliorarti costantemente. Solo adottando questa mentalità positiva e costruttiva riuscirai a sviluppare sempre di più la tua arte della comunicazione.

E, nei momenti di dubbio, ricorda: hai un alleato importante al tuo fianco. Hai certamente completato questo libro, ma come un amico fedele e prezioso, sarà sempre disponibile per accompagnarti nel tuo percorso verso una comunicazione coinvolgente e scambi memorabili. Quindi, non esitare ad aprirlo e a consultarlo di tanto in tanto, quando ne senti il bisogno, per rivedere alcuni consigli o tecniche.

Infine, cerca di rimanere sicuro e autentico nel tuo modo di esprimerti. Hai una voce unica e idee che meritano di essere condivise, non dubitarne mai. Mostra coraggio e osa esprimerti liberamente.

In bocca al lupo e che le tue parole siano sempre luminose come le stelle in un cielo estivo!

Caro lettore, cara lettrice,

Come mio solito, desidero anzitutto ringraziarti personalmente e calorosamente per aver letto il mio libro *CONVERSAZIONE E REPLICA : dominare facilmente l'arte della conversazione avvincente e i segreti della replica incisiva per brillare in ogni scambio e reagire in qualsiasi circostanza.*

Mi impegno a mettere tutta la mia sincerità, la mia competenza e la mia esperienza nella scrittura di ciascuna delle mie opere, e questo l'ho fatto ancora una volta con questo libro, affinché possa guidarti con sicurezza ed efficacia nella tua scoperta e conquista del mondo della conversazione e della replica.

Spero sinceramente che tu abbia trovato utili e ispiranti le informazioni e i suggerimenti presentati in questo libro, e che essi possano conferire autenticità, intelligenza e carisma ai tuoi scambi, permettendoti di brillare in ogni circostanza di comunicazione.

Personalmente, credo fermamente che l'umorismo sarà sempre il tuo miglior alleato. Perciò, non esitare a far esplodere il tuo spirito spiritoso e il tuo senso della replica per animare le discussioni e creare momenti di connessione unici.

Mi piace anche pensare che la conversazione sia una

danza, dove le parole e le idee si intrecciano con grazia. Quindi indossa le tue scarpe da ballo e lasciati trasportare dal ritmo avvincente della conversazione.

Sii pronto a splendere, ad abbagliare e a lasciare un'impronta indelebile in ogni interazione. Vai avanti, caro lettore, cara lettrice, e che la tua voce risuoni con eloquenza e impatto ovunque tu vada!

Ora tocca a te: il palco è pronto, i riflettori sono accesi, è il momento di far brillare la tua conversazione e di lasciare che la tua replica abbagli tutti coloro che avranno il privilegio di ascoltarti.

Detto questo, per concludere, permettimi di chiederti un piccolo favore: potresti, per favore, dedicare solo qualche secondo per lasciare un commento, o semplicemente una valutazione, su Amazon riguardo a questo libro?

I tuoi feedback contribuiranno a farlo conoscere, poiché senza di essi si perde tra migliaia di libri, e la tua opinione permetterà ad altre persone di scoprirlo e trarne beneficio anche loro.

Ti ringrazio di cuore per il tuo sostegno e la tua generosità, che sono davvero inestimabili per me, e ti auguro nuovamente molto successo nel tuo viaggio per diventare un maestro della conversazione coinvolgente e della replica incisiva.

Non vedo l'ora di ritrovarti durante la lettura di un altro dei miei libri di sviluppo personale, e nel frattempo, buon viaggio verso una comunicazione potente e appagante!

Con rispetto, amicizia e gratitudine,

Nathan Stone

Del medesimo autore
presso le edizioni BLACK & RED

FARSI RISPETTARE

Impara a imporre i tuoi limiti, a reagire
alle persone dominanti e alla mancanza di rispetto,
e non lasciarti mai più calpestare i piedi!

AUTOSTIMA, FIDUCIA IN SE STESSI

Come coltivare e rafforzare l'autostima e la fiducia in
se stessi ogni giorno, e affermarsi rimanendo fedeli a
se stessi per vivere appieno la propria vita